電影裡的人權關鍵字

借問阿嬤
Granny Project

目錄 ➤

【序】

　　國家人權博物館與富邦文教基金會合作出版《電影裡的人權關鍵字》。這份冊子是由我們籌組編輯委員會，精選電影中的 10 個關鍵字，邀請寫手撰寫相關內容。與一般條目或是名詞解釋的形式不同，關鍵字傳遞的訊息，並非只是資訊的整理，它呈現一種觀點，是我們認為推動人權教育，看待事情的角度，因此，關鍵字，是人權影像教育的一個新的嘗試，也是「媒體行動主義」的具體實踐。

　　當代社會快速攝取資訊的習慣以及緊湊的生活，讓我們不易關注與我們生活遙遠的事物，然而影像的優勢，讓我們在觀賞電影的當下，跨越時間、空間的限制，與影像的內容產生共感。人權館多年來一直嘗試透過影像進行人權教育，因為我們相信我們與影像的關係，不只存在於觀看影像的空間，若能將影像的影響，傳遞到我們的日常生活，則影像在社會中可以發揮不容忽視的改變。以《島國殺人紀事》為例，導演蔡崇隆透過紀錄片，說明蘇建和、劉秉郎、莊林勳三人在檢警調查、司法審判中所遭遇到的種種不合理，在漫長的

冤案救援，這部紀錄片是一個最好的敘事，發揮重要的影響力。

關鍵字與人權館每年舉辦的人權影展有關。2019 年的人權影展是新的嘗試，我們在選片的時候，有意識地思考除了做影展，要如何將這些電影與教育現場結合，在這個脈絡下，我們產出了關鍵字手冊。手冊被賦予教學素材的意義，除了搭配電影可以做為老師上課的補充知識外，我們也期待每部電影選出的 10 個關鍵字，可以成為單篇閱讀的文章，讓老師以及學生，可以在 4000 字左右的篇幅，瞭解什麼是人權、轉型正義等。例如本書的〈尤太大屠殺〉，大家都對「邪惡的庸常性」朗朗上口，但是納粹如何迫害尤太人，我們卻缺乏清楚的認識，課本或許提供了幾個著名的集中營，但對於遠在亞洲的我們，僅只是一個地理名詞。現在我們蒐集、消化相關研究資料，並以相對清楚易懂的文字，呈現「尤太大屠殺」，同時也是最重要的，是每個關鍵字都有相應的提問以及教學提示，輔助老師的教學，相信對於影像結合人權教育有所幫助。

《借問阿嬤》在詼諧的調性中，比較了戰後歐洲不同國

家的發展與歷史，這是遠在亞洲的我們不易進入的，透過關
鍵字手冊，我們可以拉近自身與戰後歐洲轉型正義的距離。
因此我要特別感謝編輯小組以及寫手的耐心，願意投入長時
間的精神，推廣人權教育。也特別感謝富邦文教基金會，願
意支持關鍵字手冊的計畫，將「媒體行動主義」化為可以被
實踐的目標。希望這本書不只是開始，更能成為未來人權影
展與教育現場結合的最佳典範。

國家人權博物館 館長

【導讀】

只有活著的人才有記憶

文／黃丞儀

　　電影的第一顆鏡頭從三個年輕人在一層厚冰上跳躍開始，似乎預示了冰封的記憶即將出現一些裂縫。來自三個不同國家的年輕人在布達佩斯的尤太舊街區玩士兵遊戲，假裝納粹抓到尤太人，從高樓上摔了下來。德國籍青年魯本被帶去玩實彈射擊後，他說這感覺很奇怪，大概是腎上腺素作祟，英國來的梅瑞則說：「這就是權力的感覺」。在前往艾爾茂城堡（Elmau-Schloss）的路途上，梅瑞和匈牙利青年巴林特一直要魯本談談他的家族史，他的曾曾祖父穆勒先生，

一個希特勒的崇拜者，魯本痛苦地說他不知道，也不想談。

　　《借問阿嬤》這部紀錄片看似單純地由三位孫輩詢問各自的祖母有關二戰、納粹、集中營的記憶，中間安排三位阿嬤聚在一起吃飯聊天。三個國家分別是作為戰勝國的英國，成為戰敗國的德國，以及受納粹德國壓迫、但同時也是共犯的匈牙利。三位阿嬤當中，英國籍的羅珊是女性情報員，在戰爭時期加入英國的情報組織布萊切利莊園（Bletchley Park）擔任解碼員。德國阿嬤古德倫出身知識份子家庭，祖父創建了一個另類宗教的團體，家中往來都是德國著名的思想家和音樂家。匈牙利阿嬤莉薇雅則是納粹倖存者，是一位排斥各種民族主義的東歐尤太人，在共產黨統治下當了一輩子的老師。

　　三位阿嬤共進晚餐時，德國阿嬤向匈牙利阿嬤表達歉意，說自己無法想像當初莉薇雅承受了多大的痛苦。匈牙利阿嬤聽了只是長嘆了一口氣，沒說什麼。英國阿嬤則對匈牙利阿嬤肯定共黨統治感到不可思議，她說戰後英國的路線就是反共，大家都覺得這才是正確的。三位阿嬤分開後，德國阿嬤對孫子說：「世人所走的路並非都是光明大道，英國也

不是。英國人以為自己做的是對的，他們以為自己把文明帶到世界各地，這只不過是種傲慢。」匈牙利阿嬤則對孫子說，大屠殺讓她以全新眼光來看世界，讓一些價值更清晰。但當孫子問她，年輕人要如何保存這種價值。出乎意外地，她說：「我不希望保存。」或許她希望下一代不要再記得那些慘痛的歷史。後來，英國阿嬤在安養中心漸漸失去了記憶，她看著水族箱中的魚說：「我希望他們沒有記憶。如果他們什麼都記不得，那樣也很好。」

由於納粹屠殺尤太人的歷史經驗太過鮮明和驚悚，二次大戰結束後，世人便不斷提醒彼此：記得人性中的邪惡面如果發揮到極致，將為世界帶來毀滅性的災難，切莫重蹈覆徹。「不要重蹈覆徹」（Never Again）日後便成了一種政治口號，在面對種族滅絕、白色恐怖或各種戰爭屠殺時，做為總結教訓的警句。可是，人們真的能夠記取教訓嗎？所謂的「記取」，又是什麼意思呢？如果我們記取的是一種特定的「集體記憶」，是誰、以什麼方式、為了什麼目的，去形塑了這樣的集體記憶呢？牛津大學的東歐史專家提摩西・賈頓・艾許（Timothy Garton Ash）在討論歐盟的「集體記憶」時說到，各會員國都有不同的歷史記憶，如果要強迫形塑出

一個「集體記憶」，一定會讓歷史真相受到粗暴的處置。正
如片中英國、德國和匈牙利三位阿嬤各自對於戰爭和集中營
都有著不同的記憶和社會脈絡，有可能產生一個共同的記憶
嗎？為了產生這樣的「集體記憶」，是不是反而要抹除特定
人的生命經驗？賈頓・艾許建議歐洲認同必須建立在對於未
來的共同目標，而非基於過去各自不同的歷史。

　　這種主張是不是過於樂觀？難道過去可以輕易被拋棄？
我們常常聽到一種比較詩意的說法，如果忘記了過去發生的
事情，就代表讓受難者「再死一次」。這種說法背後蘊含了
一個提問：活著的人，是不是對於過去已死之人負有一定的
倫理義務，必須記得他們的受害經驗？以色列哲學家阿維夏
伊・瑪格利特（Avishai Margalit）曾說，當希特勒問道：「還
有誰記得那些被屠殺的亞美尼亞人」時，所有的人類都應
該堅定地回答：「我們都記得。」否則，極端邪惡（radical
evil）和危害人群的殘暴行為，就可以輕易地切斷了人類社
群的道德性基礎（undercut the root of morality）。他覺得我
們可以記得美好的事情，這是鼓勵人們去遵守德行的方法，
但是記得極端邪惡所帶來的痛苦與災難，才能幫助我們保衛
人之所以為人的道德性基礎。因此，所有的人類對於這樣的

行為都負有倫理上的責任去記得。也唯有犯下種族滅絕行為的民族或國家，願意面對自己過去的錯誤時，才能讓他們重回到人類共同的倫理社群（ethical community）。

　　現在在你手上的這本關鍵詞手冊裡面，有相當多的內容都和德國在二戰期間的作為有關，例如尤太大屠殺、集中營、納粹／納粹主義，其中也介紹了納粹核心人物希姆萊（Heinrich Himmler），並討論德國人「繼承罪惡感」的問題。這些話題隨著網路發達，似乎隨處可見，而我們在討論納粹的時候，往往不假思索就套用一種公式：「納粹就是極端邪惡，人類絕對不可重蹈覆轍。」可是，透過這部影片，我們在三位阿嬤的對話和回憶中，探觸到了更豐富的思考層次。

　　例如作為戰勝國的英國阿嬤羅珊在年輕時就曾經見過墨索里尼和希特勒，年輕的她甚至在夢中和希特勒墜入愛河。這種反應和德國阿嬤古德倫（她和希姆萊的女兒同名）在參加納粹遊行、高唱愛國歌曲時產生的亢奮感相比，是不是很像？這種領袖崇拜的情結，不只出現在納粹，即便在民主國家也會看到，有人稱之為「民粹」現象。而匈牙利阿嬤在貝爾根 - 貝爾森集中營解放之後，曾經想要殺了看守他們

的獄卒，但她心理上無法做到。她說她曾發誓再也不要踏上德國的土地，但是後來她去德國當交換學生時，接待的德國校長告訴她，二個兄弟死於波蘭集中營，只因為他們的父親不讓他們三兄弟加入納粹青年團。她反省，是否因為心懷仇恨和偏見，讓她沒有比和她對立的人好到哪裡去？美國作家 David Rieff 曾經問過一個尖銳的問題：「或許在某個地方、某個歷史情境中，記憶的道德要求對於人們和社會造成太高的成本，還要持續記得這些事情嗎？」當記憶帶來的不是和解，而是各種痛苦的時候，人們會不會像匈牙利阿嬤一樣，覺得這些都不用保留給兒孫輩？記憶和遺忘，不是零和遊戲。不可能完全忘卻，也無法記得所有細節，究竟什麼事情會被記得，或應該被記得？這部影片沒有提供標準答案，事實上也不可能有。記憶、遺忘、原諒與和解這些貫穿全片但沒有出現的關鍵詞，組成了人類近代史上最難回答的課題。

馬克思（Karl Marx）曾經說過：「從前的革命需要回憶過去的世界歷史事件，為的是向自己隱瞞自己的內容。十九世紀的革命一定要讓死者去埋葬他們自己的死者，為的是自己能夠弄清楚自己的內容。」歷史是掌握在活人手上，只有活著的人才有記憶，但要記得什麼？請你來告訴我們。

納粹／
納粹主義

文／陳冠瑋

教學提示：

① 納粹是什麼，在一戰後如何興起，又在二戰扮演了什麼樣的角色？

② 納粹主義對當代歐洲造成了什麼樣的影響？三位年輕人漸漸了解阿嬤的故事後，對納粹的想法是否有所改變？這些反思如何影響他們與阿嬤的關係？

　　《借問阿嬤》是一場世代之間、不同歐洲國家之間的對話。三位阿嬤中，有年少時幻想和希特勒墜入愛河的英國間諜、有從大屠殺倖存的匈牙利前共產黨員、還有曾經崇拜納粹的德國舞者。在她們的生命經驗中，「納粹」（Nazi）以完全不同的角度扮演了某種「重要角色」，並在後續的人生裡有意無意地被壓抑、掩埋。電影剛開始時，年輕人嬉笑著在歷史建築中模仿納粹槍戰打鬧，卻又對於了解阿嬤的過去保持著距離，這或許可以一窺歐洲年輕世代對於納粹這個「禁忌」心中微妙的矛盾。隨著這趟與阿嬤對話的旅行開展，兩個世代都似乎邁出各自的步伐、也有了更多的思考。對歐洲影響深遠的納粹，究竟如何興起？有著什麼樣的主張與治理手段？戰後歐洲又如何面對這段歷史？嘗試探索這些問題有助於我們進一步體會電影中角色的情緒，並對近年新一波「新納粹」（Neo-Nazi）的浪潮有所反思。

●納粹狂潮：興起背景與發展

　　納粹是國家社會主義（Nationalsozialismus）的縮寫，可指稱一種意識形態、群體或是特定政黨，納粹主義則是形容其意識形態。阿道夫・希特勒（Adolf Hitler）來自奧匈帝

國的奧地利，在 1919 年加入了當年成立的德國工人黨，也就是後來的國家社會主義德國工人黨（Nationalsozialistische Deutsche Arbeiterpartei，NSDAP，即納粹黨），並在 1921 年成為黨魁。1923 年希特勒曾經在慕尼黑發動啤酒館政變，失敗後在獄中寫了著名的《我的奮鬥》。出獄後，希特勒開始憑著個人魅力累積支持，他的演說激勵人心，透過強力的政治宣傳，在當時內憂外患嚴重的威瑪共和體制下的德國形成一股旋風，從南德逐步席捲全國。

一戰後，戰敗的德國承受著《凡爾賽條約》與其天價賠款的恥辱，失業率攀升，通貨膨脹嚴重，國際經濟大蕭條，再加上威瑪共和制度下政局混亂，人民對政府極度失望，納粹黨因而獲得了趁勢崛起的機會。納粹宣揚重振經濟、反《凡爾賽條約》、擴軍計畫、重振德意志民族尊嚴等，對當時認為國家疲弱不振的德國人具有強烈吸引力。而希特勒拒絕賠款、以軍火工業擴大內需的計畫，也確實改善經濟問題。這波風靡德國的納粹潮流，說是舉國為之瘋狂也不為過，正如德國阿嬤古德倫在多年後仍能激動地描述兒時看見納粹旗幟飄揚的感動。

納粹黨在 1933 年的選舉中成為國會第一大黨，也就是說，納粹是循著民主政體中的合法程序，一票一票被推上了政壇的中心。威瑪民主制度沒有設計民主防衛的機制（註1），在希特勒的領導下，「民主的敵人」掌握了推翻民主體制的機會，威瑪共和走向了獨裁的納粹德國、第三帝國，並於 1934 年確立「大德意志帝國」的國號，希特勒也透過人民投票成為「國家元首」。1939 年 9 月，納粹德國展開閃電戰入侵波蘭，開啟第二次世界大戰。

●納粹的主張與作為

一般認為納粹主義囊括了許多主張，包括種族主義、反尤主義、反共產主義、法西斯主義、極權主義、反同性戀等。納粹的種族主義主張日耳曼民族是雅利安人中最優秀的種族，並結合優生學的概念來合理化這些說法，例如「生命之泉」計畫便積極推動「純種」的雅利安人生育。歐洲自中世紀以來，因瘟疫、宗教、經濟等因素產生厭惡尤太人的傳統，而納粹思想承繼了這樣的理念，認為尤太人是雅利安人的敵人，進而，當「優秀的日耳曼人」需要擴張生存空間時，尤

太人應被消滅。在這樣極右派法西斯主義的理念下，納粹以經濟理由施行各種優生政策，迫害其他種族。納粹統治下，被認為「不純」的尤太人、共產黨人、精神疾病患者、身障者、同性戀、耶和華見證人等群體遭受嚴重壓迫，透過法律的修訂，從一開始禁止尤太人經營商業、剝奪服公職權利等各種「維護血統」的措施，一步步邁向限制人身自由的集中管理，甚至剝奪生命。遭到逮捕送往集中營的人，面對的是惡劣的生存條件、強迫勞動、與其後的大屠殺。戰時德國與佔領區約有四萬個以上的集中管理設施，單以大屠殺而言，廣義的總受害人數就超過千萬人。 ▼ 參考：〈尤太大屠殺〉

　　而納粹德國實行高度的 ·黨專政與獨裁，一方面控制輿論，不容許其他如共產主義等不同的政治主張，除了宣布其他政黨違法（1933 年）外，亦剝奪政治異議者存在的空間；另一方面，納粹政權進行強力的政治宣傳，以「一體化」為

註 1：民主防衛機制是指為了確保民主制度運行順暢所設計的保護機制，核心的概念是要避免有人利用合法的程序傷害民主制度。臺灣的憲法也有類似的規定，我們賦予大法官解散違憲政黨的權力，也就是當一個政黨雖然合法成立，但他們卻鼓吹甚至實踐國家成為獨裁或威權統治，此時大法官可以宣告該政黨違反憲法必須解散。

目標，追求國家與社會一體，也就是要使人民參與到納粹的
組織當中，讓納粹組織滲透到社會各層面。納粹宣傳部長戈
培爾（Paul Joseph Goebbels）積極規劃透過電影、演說、宣
傳品等方式，將納粹意識形態深植民心，如 1935 年的電影
《意志的勝利》（Triumph des Willens），便打造出納粹主
義就是德國人民如信仰般存在的形象。納粹青年團也是一體
化的重要實踐，從青少年開始灌輸納粹思想，後期更以法律
規定強制加入，末期有高達八百萬的青年團成員。納粹政權
亦透過人事控制了大學與法院，大學教師與法官是今日被認
為最需要獨立思考的職業，但由於納粹主義內涵連結了德國
的民族主義，許多知識份子同樣表示支持，當時許多教師與
法官被動、主動地宣誓效忠。宗教方面，納粹政權壓迫教會，
因為教會干擾了納粹一黨獨握的權力。

　　總之，納粹的專制政體對於社會的控制可說是全方面
的：在許多電影、文獻中，穿著整齊軍裝的德國人伸手行納
粹禮喊著「希特勒萬歲！」與「我的元首！」，一切都是為
國家效忠、為了日耳曼民族的尊嚴。

　　當然，德國國內並非沒有反抗的聲音，除了尤太人的

抵抗行動，也有如電影《帝國大審判》（Sophie Scholl, The Final Days）描繪的 1942-1943 年白玫瑰運動，以出身耶和華見證人教會家庭的蘇菲·蕭爾（Sophie Scholl）與漢斯·蕭爾（Hans Scholl）兄妹為首的慕尼黑大學學生在校園中發送傳單，希望喚醒人們的良知。類似的運動在許多地方零星出現，但皆遭到強力鎮壓。

　　1945 年德軍崩潰，希特勒在柏林的地堡飲彈自殺，德國投降，納粹統治終告落幕。

● 戰後影響：納粹成為「不可說」？

　　納粹政權結束，遺留的問題卻至今仍籠罩德國、歐洲，儘管政府與民間都有許多作為，我們仍從《借問阿嬤》中瞥見了納粹留下的難題，它們令人痛苦、尷尬、甚至成為了「不可說」。2016 年，台灣曾有高中生在校慶時裝扮成納粹軍官，引起一陣風波，被認為踩到了紅線，當時以色列與德國在台協會皆表示譴責。

　　1945 年德國無條件投降後，依《波茲坦協定》被同盟

軍分區佔領，1949 年英美法佔領區成立德意志聯邦共和國（前西德，今德國），前蘇聯佔領區成為德意志民主共和國（前東德）。協定的一大重點就是要將德國「去納粹化」。在法律層面展開的追訴行動，包括辨認加害者、以及對受害者的賠償，如 1945 年開始了紐倫堡大審的國際軍事審判，諸多納粹黨高級官員遭判刑。而以美國佔領區為例，在慕尼黑簽署的《消除納粹主義和軍國主義法》開啟了後續的司法調查。透過司法釐清真相與責任是戰後重要的措施，直至 2017 年，我們仍看到了「奧許維茲集中營的會計」 ——　一位近百歲高齡的前納粹份子被認定需入監服刑。而戰後德國賠償的腳步也未停歇，如 1952 年，西德與以色列簽訂有關賠償的《盧森堡條約》。

　　戰後，曾經大面積席捲歐洲的納粹主義漸漸地成為了一種「禁忌」，有關納粹的一切是黑暗的、不道德的。在制度方面，政黨可能因為主張納粹主義而遭到憲法法院解散；法律更明文規定禁止納粹禮等相關符碼，包括納粹反卍字旗，在歷史、教育外的範疇均已遭嚴格禁止，否則和否認大屠殺一樣，都能以「煽動種族仇恨」的罪名相繩。類似的法律其實不僅在德國，如法國刑法也同樣禁止納粹標誌。而戰前熱

銷的《我的奮鬥》，在戰後版權歸於巴伐利亞邦政府，直至
2016 年歸於公共之前，這本希特勒自傳的再版都如同被封
印的禁忌。

　　不過，儘管官方多次道歉，德國也漸漸發現，單純追究
或沈默無法解決問題，隨著時間經過，「記憶文化」逐漸成
為政府與民間合作推動的重點之一，例如，歷史教育是重要
的一環：今日的德國有非常多包括集中營在內的相關遺址、
博物館與檔案館，包括尤太博物館、受難紀念區等，也有許
多機構、基金會等組織持續嘗試呈現真相予世人。

　　納粹德國對歐洲帶來的巨大震盪與傷口，致使戰後開啟
的「修復」工程至今仍在進行。歷經二戰時代的德國人，如
何看待自己被認為是「加害者」體制一份子的身分、加害者
與被害者的家屬、每位德國人如何面對，是過去、現在、未
來持續存在的課題，《借問阿嬤》正反映了這樣的艱難、也
是一種回應的嘗試。德國孫子魯本的阿嬤曾著迷於納粹、曾
曾祖父是支持納粹的另類宗教創辦人，魯本有時會表現出不
想面對納粹與家人有所連結的掙扎，後來更直接承認了自己
的罪惡感，甚至在更了解阿嬤的過去後，感到他們之間的關

係有所變化：自己究竟會如何看待曾支持納粹的阿嬤？納粹
德國留下的糾結並未遠去，以不同形式的夢魘糾纏不同角色
的人們，戰後各個世代仍在找尋面對的方法。 參考：〈繼承罪
惡感〉

● 當今歐洲新納粹主義的崛起

然而，納粹主義相關的主張在戰後不曾真正消失，「新
納粹主義」的擁護者始終存在。直至近年，經濟問題、難
民議題等浮上檯面，再加上「繼承罪惡感壓抑了年輕世代德
國人」的相關主張，德國內部「排外」的聲音又再次取得不
容小覷的舞台，尤其兩德統一後，前東德經歷經濟制度的巨
變，許多人深受經濟問題所苦，類似的呼聲仍有市場。

以德國國家民主黨（NPD）為例，即是在德國活動發展
的新納粹政治組織，不過，2016 年聯邦憲法法院審查後，
考量實質的政治影響力，並未解散 NPD。不過，許多新的
極右派否認自己是納粹或新納粹，而是主張其排斥的對象如
穆斯林，並非自由民主的支持者，那麼為了守護民主、守護
德國的價值，這樣的排斥是合理的。不過，反對這類意見

的聲浪仍然經常以新納粹稱之，例如 2013 年成立的右翼政黨「德國另類選擇黨」（AfD）就被認為具備新納粹傾向，而該黨於 2017 年的聯邦議會選舉一舉成為國會第三大黨。反對者認為歐洲及德國二戰時經歷了如此浩劫，應該有所反省，不能重蹈覆徹，但另類選擇黨的幹部便曾公開主張不該放大罪惡感，指出「當前德國的歷史教育是腐敗的」。不過，戰後德國的基本法規定了違憲政黨的解散機制，不再是「民主不設防」。值得注意的是，這樣的「新納粹」風潮不只出現在德國，歐洲許多國家也有新納粹團體、以及取得席次的政黨。未來這股風潮將如何發展，仍需持續關注。

　　對經歷二戰時代的阿嬤們來說，去談論烙印在她們生命經驗中的納粹是難以啟齒的、或不想提起的；然而，對年輕世代的孫子們而言也同樣不是容易的事。儘管《借問阿嬤》用了較為輕鬆溫馨的手法呈現了追尋與瞭解的旅程，但在真摯的情感裡那股無法忽視的不自在，仍提醒著觀眾持續思考納粹這血跡斑斑的一頁歷史。人們有各式各樣的角度能去了解、面對這段過去，以及從中思辨，而《借問阿嬤》正是這樣的一場嘗試。

參考資料：

英格・艾歇－蕭爾（Inge Aicher-Scholl），《白玫瑰 一九四三》，左岸文化，2003

賽巴斯提安・哈夫納（Sebastian Haffner），《一個德國人的故事：1914-1933 回憶錄》，左岸文化，2016

花亦芬，《在歷史的傷口上重生：德國走過的轉型正義之路》，先覺出版，2016

賽巴斯提安・哈夫納（Sebastian Haffner），《破解希特勒》，左岸文化，2017

英兒・杜肯（Inge Deutschkron），《我戴著黃星星》，啟明出版，2017

托馬斯・桑德庫勒（Thomas Sandkühler），《阿道夫・H：希特勒，一個獨裁者的一生》，麥田出版，2017

安德魯・納古斯基（Andrew Nagorski），《納粹獵人：追捕德國戰犯的黑暗騎士》，左岸文化，2017

蔡慶樺，《美茵河畔思索德國：從法蘭克福看見德意志的文明與哀愁》，春山出版，2019

尤太大屠殺

文／陳冠瑋

教學提示：

① 納粹如何對待尤太人？尤太大屠殺是如何發生的？

② 導演巴林特的阿嬤莉薇雅是尤太大屠殺的倖存者，她如何看待這段經驗？三位年輕人經歷了與阿嬤的對話後，又如何看待這段過往？

　　《借問阿嬤》裡，曾崇拜納粹的德國阿嬤古德倫在對談中向來自匈牙利的莉薇雅表達了她對尤太大屠殺的遺憾，迎來一陣不自在的靜默。尤太大屠殺（德語：Holocaust）是二戰歷史中無法抹滅的黑暗章節，多數統計認為約有六百萬名歐洲尤太人與其他少數群體遭到殺害。戰後至今，倖存者、受難者遺屬、加害者、政府，乃至於整個社會如何看待這段過往，始終是難解的課題。電影中，年邁的莉薇雅除了身體的病痛，提起這段過往時所展露的痛苦神情，其凝重與深沈的情緒感染了銀幕內外。

●從反尤、集中營到「最終解決方案」

　　在納粹思想中，血統不純的尤太人應該被隔絕於雅利安人之外，雖然主要針對尤太人，但如羅姆人（舊稱吉普賽人）等族群、同志族群、身心障礙者、以及其他被認為「墮落」的異議份子，包括共產主義、自由主義、耶和華見證人的支持者等，也在納粹排斥與打壓的範圍。 `參考：〈納粹／納粹主義〉`

　　納粹取得政權後，其種族主義、反尤主義透過一連串的修法化為具體的措施。為了打造德國優秀、純淨的血統與

榮譽，希特勒的政權以優生學或偽科學為背景支撐了多項法案通過，有系統地將尤太人等族群「趕盡殺絕」。一開始，反尤勢力對尤太人的商店進行抵制，接著，法律限制了尤太人擔任公職、醫生、律師、務農等可能，報業、大學亦驅逐尤太人士，包括愛因斯坦在內的許多尤太科學家及學者，被迫逃離家鄉。1930 年代，尤太人可說是在經濟、社會、文化層面受到全面打壓，更進一步，納粹開始實施絕育措施，禁止雅利安人與尤太人發生性行為，並剝奪德國尤太人的國籍，甚至開始將尤太人集中至隔離區或集中營、限制自由、乃至於生命剝奪。反尤主義至此已經被納粹實現為滅尤主義。

在種種壓迫與衝突下，1938 年 11 月，一名尤太青年暗殺了德國外交官，引發了「水晶之夜」。當時，許多尤太人遭受暴力襲擊、財產也遭掠奪，也有許多尤太人因此被押入集中營。其中大量的尤太店舖被砸，因而產生許多碎玻璃而稱水晶之夜。儘管水晶之夜發生在希特勒開始實施「最終解決方案」的三年前，但其暴行幾乎標誌了大屠殺的開始。

被押入集中營的理由很多，戰俘、種族、異議份子等都

有可能。在《黑土：大屠殺為何發生？生態恐慌、國家毀滅的歷史警訊》一書中，作者史耐德提醒我們，受害者並非只有德國尤太人，納粹德國為了追求「生存空間」向東擴張的佔領區（如匈牙利）中，更有大量的尤太人遭受迫害及屠殺，受害的尤太人包括多達二十種以上的國籍，使用不同語言，團結抗暴有相當的難度。而本片中莉薇雅阿嬤即是匈牙利的尤太人，她身為前共產黨員，遭納粹拘捕。阿嬤談及她被押往達豪集中營的路上曾逃跑的經驗，時隔多年仍能具體描述逃亡的路線與經過。　參考：〈匈牙利共產黨〉

　　集中營（Konzentrationslager）指的是納粹這系列措施中，用以集中關押的設施，納粹德國在佔領區內興建、徵用了萬座以上的集中營設施。　參考：〈集中營〉莉薇雅被關押的「達豪集中營」，位於慕尼黑郊區，該處曾關押近二十萬人，死亡約三萬人。而最大、最主要的集中營之一「奧許維茲－布克瑙集中營」則是位於現今波蘭的前納粹德國佔領區，估計死亡人數達一百一十萬人。1942 年在柏林近郊的萬湖會議，包括希特勒在內的納粹高級首領們確立了有關「尤太人問題最終解決方案」的方針，亦即大規模對尤太人進行屠殺，使其滅絕。

● 滅頂與生還：尤太大屠殺

在《借問阿嬤》拍攝前，儘管多年無法開口提起，莉薇雅阿嬤仍然會夢見多年前集中營相關的情境，並且驚醒。阿嬤是「最終解決方案」尤太大屠殺的倖存者，截至 1945 年間，據估計約有六百萬名歐洲尤太人慘遭殺害，總受害人數在廣義計算下高達一千七百萬人，包括大量的婦女、兒童及嬰幼兒。

納粹德國使用系統性、全面性的手段進行種族滅絕，將尤太人徹底排除。集中營內的生存條件惡劣，瀰漫飢餓與強制勞動造成的過勞，如果沒有導致死亡，那麼仍有「最終解決方案」在等待他們 —— 這些被納粹認定為「不值得生存的生命」。當時德國全國上下有各式各樣的機關單位參與了這樣的過程，除了納粹政治官員，交通、銀行、會計、郵政等，社會上各種「齒輪」都配合著種族滅絕的大型計畫。阿嬤們的回憶中提及了屍體被處理的方式，而當時除了槍決，也有許多受難者被一批批地送進毒氣室，也有許多人在火車運送或長途跋涉的過程中不堪虐待而死亡。

　　1944 年起，蘇聯及英美盟軍陸續解放幾個集中營，但
大部分的囚禁者已遭殺害，從當時士兵的口述中可知，光是
見證堆疊的屍體就已令人無法承受，何況是實際被囚禁、見
證屠殺的經驗。

　　尤太大屠殺帶來了無盡的傷痛以及艱鉅的歷史課題。
1945 年德國戰敗後，紐倫堡國際軍事法庭展開審判，除了
已自殺的希特勒及其他幾位納粹政戰核心，數名前納粹德國
官員被同盟國的法官判決犯下戰爭罪與反人類罪等 ── 儘管
紐倫堡大審受到了「戰勝者的勝利」之質疑：有批評指出，
當時的法官都來自戰勝國，由戰爭勝利的一方定調戰敗者
的罪行並不公允。但紐倫堡大審作為處理納粹罪行的重要審
判，對國際司法體系確實產生了重大影響，如「反人類罪」
便是用以控訴「基於政治、種族或宗教理由對任何平民的謀
殺、滅絕、奴役等迫害」的罪行，這在沙茲的《人權的條件》
一書有詳細描述。

　　除了審判，戰後，1952 年，西德與以色列簽訂《盧森
堡條約》約定了高額的賠償；而至今包括梅克爾在內的各任
總理，都對大屠殺的歷史表達沈痛的道歉、德國的學校教育

強調二戰歷史的認識、現今的德國也從官方與民間推動記憶文化，德國遍佈了相關的博物館、檔案館、記憶區等；法律上，德國憲法法院更表示，「否認尤太大屠殺」這個行為不屬於憲法言論自由的保障範圍。聯合國也將每年 1 月 27 日定為「國際大屠殺紀念日」，提醒人們不應再重演這段殘酷的歷史，在 1945 年 1 月 27 日這一天，蘇聯解放了奧許維茲－布克瑙集中營。

然而，個人、家庭與社會要如何抹平尤太大屠殺造成的傷痕，仍絕非易事。除了在《借問阿嬤》中看到古德倫嘗試向莉薇雅慰問大屠殺一事時換來的沈默，對於年輕世代而言，若不是這場計畫，恐怕也很難有機會和家人認真談論大屠殺的話題。歷史中的個人要如何面對這段經歷，可說是舉步維艱。

另一個角度而言，在《辛德勒的名單》（Schindler's list）、《園長夫人：動物園的奇蹟》（The Zookeeper's Wife）等電影中，可以窺見在納粹統治下，仍有些如辛德勒與華沙動物園園長夫人這樣幫助尤太人逃亡、躲藏的故事，閃爍著黑暗時代裡人性的點點星光。但其背後大屠殺的血腥

與多數人的沈默，依然深深烙印著時代的殘酷。

●Holocaust 的獨特性

　　尤太大屠殺在學界形成了特定的研究領域，Holocaust
一詞一般專指納粹德國在二次大戰期間對尤太人進行的種族
滅絕行動。至於其他種族滅絕事件，則會以 genocide 一詞
指稱。例如，1973 年起柬埔寨的紅色高棉大屠殺，在 2018
年由聯合國與柬埔寨成立的「柬埔寨法院特別法庭」定罪為
種族滅絕；1994 年東非的盧安達大屠殺，則是一場胡圖族
掌權的政府對於胡西族的滅絕行動，自 1994 年開始，國際
刑事法庭對盧安達大屠殺展開對多名罪犯的審判至今；又如
2007 年波士尼亞戰爭中的斯雷布雷尼察大屠殺，也被國際
法院認定為種族滅絕。

　　事實上，種族滅絕（genocide）一詞也是出現在二戰時
期。戰後，聯合國在 1948 年通過《防止及懲治滅絕種族罪
公約》（Convention on the Prevention and Punishment of the
Crime of Genocide），正式將 genocide 一詞用於國際法，而
該公約第一次適用的案件即是盧安達的事件。根據該公約

第 2 條，滅絕種族罪是指蓄意全部或部分地消滅民族、種族、宗教等群體，並實行下列行為之一之罪：「（1）殺害該群體的成員；（2）致使該群體的成員在身體或精神上遭受嚴重傷害；（3）故意使該群體處於特定生活條件下，以毀滅其全部或部分生命；（4）強制實行蓄意防止該群體生育之手段；（5）強制轉移該群體之兒童至其他群體。」而 Holocaust 雖然也屬於 genocide 的範疇，卻單指納粹施行的尤太大屠殺，有其獨特性。

至於種族清洗（ethic cleansing）則是較晚近出現的詞彙，目前不是國際公約明文規範的用語，指稱強勢族群嘗試「同質化」（homogenization）或驅趕、消除某種族的作為。以學界而言，前南斯拉夫內戰的大屠殺、2016 年至 2017 年間緬甸的羅興亞大屠殺通常被認為是種族清洗的案例。

實則，Holocaust 的殘酷歷史還未滿百年，「種族滅絕」、「種族清洗」事件仍然在國際間持續發生，種族之間的衝突何以不斷地寫下一頁又一頁的血腥歷史，值得人們從經驗中深深反省。

●尤太人的苦難

　　誠如《借問阿嬤》，協助我們理解尤太大屠殺的電影並不少，如《消失的 1945》（The Last Days）、《穿條紋衣的男孩》（The Boy in the Striped Pajamas）與《美麗人生》（Life is Beautiful）等，更有無數書籍與回憶錄，描寫這場比悲劇更令人難以直視的歷史。大屠殺倖存者李維曾提及「納粹的種族滅絕屠殺是無法為之合理化的，按任何一種文明標準都是天理難容。」然而，「這種暴行也不是不能理解。至少從個人層面上來說，都有可辨認的人性動機。有的納粹分子是狂熱分子，有的是投機者，有的是懦夫。但作為群體，人類是可能犯下反人類的罪行。」[註1]

　　而著名的《安妮日記》中，尤太少女安妮‧法蘭克寫過這樣一段話：「誰把這些痛苦加諸在我們身上？誰讓我們跟其他人分隔？誰令我們經歷這些苦難？是上帝讓我們這樣，但上帝也會再一次鼓舞我們。在世人眼中，我們註定受苦，但在這一切苦難後，還會有猶（尤）太人留下，他們將被立為模範。……我們絕對不能只是荷蘭人，或者英國人，或者任何一國的人，我們永遠也會是猶（尤）太人。我們必須繼

續做猶（尤）太人，我們也願意繼續做猶（尤）太人。」

　　安妮最後也不幸在集中營中去世。或許《借問阿嬤》採取了較為輕鬆的紀錄片拍攝方式，但「尤太大屠殺」是其中一個始終無法雲淡風輕的關鍵字，導演的一問「大屠殺是否有帶來任何有價值的事物？」令人陷入長考。納粹德國統治下，尤太人的苦難沈痛如是，種族主義結合極權主義敲醒的警鐘，餘音仍未遠去。

註 1：托馬斯‧格雷厄姆，〈大屠殺倖存者故事：看透邪惡、痛苦和人性〉，BBC 英倫網，2019 年 3 月 31 日。

參考資料：

埃利‧維瑟爾（Eliezer Wiesel），《夜：納粹集中營回憶錄》，左岸文化，2011

安妮‧法蘭克（Anne Frank），《安妮日記》，皇冠出版，2013

威托德‧皮雷茨基（Witold Pilecki），《奧許維茲臥底報告：自願關進納粹集中營的波蘭英雄》，衛城出版，2014

瑪塞琳‧羅立登－伊凡斯、茱蒂特‧佩利農（Marceline Loridan-Ivens, Judith Perrignon），《而你，沒有回來》，大塊文化，2016

普利摩‧李維（Primo Levi），《週期表：永恆元素與生命的交會》，天下文化，2016

普利摩‧李維（Primo Levi），《如果這是一個人》，啟明出版，2018

提摩希‧史奈德（Timothy Snyder），《黑土：大屠殺為何發生？生態恐慌、國家毀滅的歷史警訊》，聯經出版，2018

沙茲（Philippe Sands），《人權的條件：定義「危害人類罪」與「種族滅絕罪」的關鍵人物》，貓頭鷹出版，2020

集中營

文／路那

教學提示：

① 認識達豪和貝爾根 - 貝爾森集中營

② 認識集中營的目的、囚禁對象與管理手段

　　喜愛看電影的朋友們，必然在某個時間點中，對電影裡再現的納粹集中營有著深刻的印象——那可能是《辛德勒的名單》裡為了拯救生命而放棄金錢報酬的辛德勒看望合夥人的地方；可能是《美麗人生》裡為了年幼兒子而將殘酷的集中營變成遊樂場的父親所生活的場所；也可能是新版《X 戰警》電影中，亦正亦邪的萬磁王在喪母後激發了異能的地方。納粹集中營無疑是近代人類史上的慘劇之一，也因此格外受到矚目。然而無論時地，它畢竟與我們相隔遙遠。仔細想想，除了課本裡那些屠殺的數據、網路上驚心動魄的圖片，與電影裡模糊的敘述外，我們到底對集中營有著什麼樣的認識呢？你知道集中營是怎麼建立的嗎？集中營有哪些種類？分布在那些國家？為什麼要建立集中營？囚禁了什麼樣的人？這些人被如何對待？為什麼有人倖存，有人沒有？建立集中營是錯的，那麼殺害、管理與看守集中營的人呢？

●集中營誕生之前：建造它的，是什麼樣的國家？

　　在眾多講述集中營故事的電影裡，大多選擇講述遭受到種族迫害的尤太人的故事。然而尤太人其實並非唯一的

受難者——他們甚至不是最早的。在「第三帝國」（Drittes Reich）成立之前，在希特勒統領下的威瑪共和國，便已對異議者展開嚴酷的清算。

　　一開始，納粹黨的目標，是政治上敵對的共產黨。1933年2月27日晚上九點多，象徵著德國在普魯士王國領導下歸於一統的德國國會大廈突然多處起火。儘管消防員致力於滅火，但這棟華麗的建築內部仍被燒成了灰燼。由於事件發生在德國即將改選國會的前夕，又因多處起火點顯現出「案情不單純」，於是迅速抵達現場的總理希特勒和親信戈林逮捕了荷蘭共產黨成員盧貝（Marinus van der Lubbe）後，便宣稱這起縱火案件為共產黨要顛覆共和國的陰謀。在輿論為此憤怒不已的同時，希特勒通過了《國會縱火案法令》。這條法令提供了逮捕德國境內共產黨黨員的法律基礎，同時限縮了德國人的基本權利。因為此案，納粹黨的支持度大幅飆升，也為希特勒日後的獨裁提供了基礎。

　　在這條法案之下，希特勒不僅大肆抓捕共產黨員，更開始關押政治異議人士。關於納粹剷除異己的進程，德國神學家馬丁‧尼莫拉（Friedrich Gustav Emil Martin Niemöller）

有一段膾炙人口的反省：「當納粹逮捕共產黨員時，我沒有說話，因為我不是共產黨員。當納粹逮捕社會民主黨員時，我沒有說話，因為我不是社會民主黨員。當納粹逮捕工會主義者時，我沒有說話，因為我不是工會主義者。當納粹逮捕尤太人時，我沒有說話，因為我不是尤太人。他們逮捕我時，沒有任何一個人可以抗議。」

尼莫拉曾是狂熱的希特勒支持者，最後卻因他的宗教思想與納粹不同，淪落到被關進集中營的命運。從集中營裡留得一命的他，在戰後回首過往時，指出人們為什麼必須要捍衛他人的自由，即使這個「他人」是你所厭惡的群體：這看似利他的行為，最終卻指向利己的結果。

另一方面，從尼莫拉的這段話中，我們也可梳理出納粹如何從打壓政治上的異己，慢慢地進展到種族滅絕的過程：在一次又一次對國民基本權利的侵犯下，德國民眾逐漸習慣了一個不容反對的聲音，習慣了有族群從生活中全然消失、被集體帶往某個地方的可能性：共產黨員、社民黨員、工會成員、特定宗派的基督教徒、移民、羅姆人（俗稱吉普賽人）、同性戀，以及大眾最耳熟能詳的，尤太人。1935 年

通過的《紐倫堡法案》，更讓種族歧視、性向歧視與國族歧視合法化。受迫害的人數越來越多——但仍未多過自詡正統日耳曼人的「普通人」。

●惡名昭彰的貝爾根 - 貝爾森集中營

在眾多集中營中，最富「盛名」的是成立於 1941 年的貝爾根 - 貝爾森（Bergen-Belsen）集中營。這個集中營的名氣源自於它在 1945 年遭英軍解放時，軍隊攝影師所拍攝的照片：貝爾根－貝爾森集中營沒有毒氣室，但在其中喪生的人卻也不計其數。他們被無情地堆疊在露天的大坑裡。倖存者搖搖晃晃地向英軍走去，宛如今日僵屍電影中的活屍，你簡直不敢相信，人類瘦成一副骷顱骨架，竟然還能移動。BBC 的隨軍記者理查德‧迪姆布雷比（Richard Dimbleby）這樣描述他所看到的景象：「……在一英畝大的土地上四處都是死人和將死去的人們，你無從區分兩者。活人的頭就靠著屍體的，而在他們的周遭，是一群樣子糟透了的、幽靈般混沌，失去希望的人群。你無法行動，無法去看圍繞著他們的那些恐怖場景……在這裡出生的嬰兒太過虛弱，無法生存，……有個被逼瘋了的母親，對著英國士兵高聲為她的孩

子哭求著牛奶，她將孩子塞到士兵的懷中後，發出恐怖的哭嚎聲跑開了。士兵打開了包裹著嬰兒的布包，發現那個嬰兒已經死去數日了。在貝爾根的這天是我人生中最恐怖的一天。」

這樣活靈活現的文字，加上令人難以置信的影像紀錄，使得貝爾根 - 貝爾森集中營成了納粹邪惡的標誌性營地。

位於德國北部下薩克森州的貝爾根 - 貝爾森集中營，一開始其實是被設定為戰俘營存在的。在這裡多是德國以外的俘虜，以蘇聯的士兵為大宗，其存在的目的是交換被俘的德國戰俘。然而事情很快地就變了調——與達豪集中營相同，隨著納粹拘捕的人數直線上升，貝爾根 - 貝爾森也開始由戰俘營朝向集中營傾斜，出現了「匈牙利營」、「波蘭尤太人專用營」、「中立營」（拘捕中立國人士）、「星營」（荷蘭尤太人）等次級集中營，最終更成為知名的大屠殺發生之地。許多知名人物喪生於此，包括在友人閣樓裡躲藏了許久，寫下知名《安妮日記》的安妮・法蘭克。

看到這裡，你是否好奇起，第一個集中營到底在哪裡？

又是怎麼建立的呢？

● 最初的集中營：達豪集中營

德國的第一個集中營（Konzentrationslager）是位於慕尼黑的「達豪集中營」（Konzentrationslager Dachau）。達豪集中營成立於 1933 年 3 月，由希特勒的左右手，惡名昭彰的海因里希‧希姆萊（Heinrich Himmler）揭開了後續的血腥劇幕。在開幕式的新聞報導中有這樣的一段話：「所有危害國家安全的共產黨員——以及如果有必要的話——帝國議會和社會民主黨的工作人員都應集中在這裡。因為從長遠來看，若將這些人留在州監獄，則將增加監獄負擔。這些人之所以不應被釋放，是因他們證明了只要釋放他們，他們就將堅持不懈地組織起來鼓動他人。」這個集中營以「再教育」為名號設立，實際上卻從不打算釋放被它監禁的囚犯。

很快地，達豪隨即成了其他集中營的原型。在它的大門上，刻著一句知名的德語：勞動帶來自由（Arbelt Macht Frei）。然而諷刺的是，走進這間大門的人，卻是被剝奪了自由而只能拚命勞動的囚犯。達豪集中營不僅是最早的集中

營，運作的時間也是最長的，直到 1945 年 4 月遭美軍關閉為止，整整十二年。在 1938 年以前，這裡關押的主要是德國的政治犯，之後，約有一萬多尤太男性公民被關入此處。隨著德軍在歐洲戰場上的擴張，達豪集中營也開始拘禁其他歐洲國家的公民與被俘虜的士兵。

隨著人數的擴張，原本預定容納五千人的達豪集中營，在 1940 年時從波蘭送去關押的犯人就超過了一萬三千名，可見集中營有多「集中」。在原有設施不敷使用下，集中營在 1937 年強迫囚犯進行勞動，在原基地的基礎上建造更大型的建築物。1942 年，營地附近建立了一個火葬場，以消滅營內系統性謀殺的證據。隨著戰爭擴張，囚犯被強制為納粹德國提供勞動力。1943 年開始，在達豪集中營的周圍，成立了 123 個子營。這些營地的周遭都是軍工廠，犯人們便是廉價而隨手可拋的勞動力。

因勞動力而遭到壓榨，還算是集中營裡比較幸運的一群。由 32 個軍營組成的營地中，有一個是專門保留給醫學實驗用的。納粹在此進行惡名昭彰的各種實驗，包括在各種極端條件下，人體的反應與人類最終死亡的時間。在達豪進

行的實驗，包括低體溫實驗：實驗者將囚犯暴露在極低的溫度下，觀察他們的狀況。待他們失溫後，再用熱水試圖恢復囚犯的生命徵象——實驗者為的不是救人，而是想要知道在什麼樣的狀況下人再也救不回來。類似的實驗還有「高空實驗」，這是測試人體在不同大氣壓力下變化的殘酷實驗。此外，還有開發軍事用途為目的的病毒實驗等。這些殘酷實驗予人的印象之深刻，致使當代許多影視節目中，「納粹黑科技」或「納粹秘密實驗」已成了反派常見的配備——還記得漫威英雄電影中美國隊長的大反派「九頭蛇」嗎？也或許你還對 DC 電影《神力女超人》（Wonder Woman）中神奇女俠對戰納粹科學家的場景印象猶深？

你有注意到嗎？美國隊長與神奇女俠的衣服配色相當類似，都是以藍色、紅色和星星為主的設計？這不是撞衫，而是他們服裝設計的靈感來源都是美國國旗。為什麼要讓這兩位英雄人物穿著國旗靈感的裝束呢？自然因為他們都是象徵了美國精神。那麼，或許你也想到了，這兩位英雄的共同敵人之一，正是納粹。這同樣不是偶然。在冷戰結束後，好萊塢逐漸失去了「公認邪惡的蘇聯敵人」。犯下「反人類罪」的納粹，於是成了再適合不過的反派——畢竟，就連過往的

蘇維埃社會主義共和國聯盟也曾因納粹而死傷慘重。

在盟國贏得勝利後，第一個解放達豪集中營的部隊，是距離該地不遠的美軍。而從他們接下來採取的行動，可以看出這個集中營對美軍而言有著多大的震撼——許多美國步兵忍不住違背投降者不殺的命令，開槍射殺了許多集中營的工作人員，也不再禁止原來的囚犯殘酷地報復他們的監禁者——這就是《借問阿嬤》中，匈牙利阿嬤所提到的報復事件。「如果我能這麼做的話，我會的。」儘管掙扎，她依然誠實地說出自己過了這麼久仍無法平息的憤怒。顯然她不是唯一一個這麼想的人。

美軍到底看到了什麼？

根據當時的指揮官，少尉史巴克（Felix Sparks）的回憶，他們一進達豪，就發現了大型毒氣室，與牆上明顯是受難者的抓痕；他們發現了 39 輛的鐵路車廂，裡面堆了兩千多具瘦弱的屍體。這些屍體還很「新鮮」，才死了不過兩三天。原來，那是戰敗的德軍想要殺人滅口；他們看到集中營內已成皮包骨，簡直不似活人的囚犯們；他們從囚犯的口中，聽

到了有超過一萬名囚犯被迫進行泯滅人性的「死亡行軍」；
他們看到，因為過度擁擠，又缺乏乾淨的飲水與食物，造成
傳染病肆虐的慘狀……。

「死亡的惡臭壓倒一切。」史巴克寫道。

從眾多記述中，可以看得出來達豪與其他集中營對許多
美國大兵的心理帶來了極為嚴重的創傷。原以為毒氣室是謠
言的美軍，不敢置信地看著眼前人間地獄的場景。

這大大違反了盟軍的軍紀。美軍本應按照戰爭公約，
將俘虜集中看守，盡可能保證他們的人身安全，靜待國際法
庭的調查。但面對地獄般的慘劇，他們選擇了「以暴制暴」
的這條道路。事後，其中一個連長，傑克‧布希海德（Jack
Bushyhead）擔下責任，宣稱士兵是按照他的命令行動。然
而或許美軍上級也覺得此事其情可憫，布希海德並未遭到正
式審判。不管命令，殘殺投降看守德軍的美軍士兵，做的是
對的事情嗎？

達豪集中營也許是納粹史上第一個集中營，但它卻遠非

人類史上第一個。貝爾根 - 貝爾森集中營的慘況透過照片與
紀錄片令人永難忘懷，但如果有一天，它們不再被提起？集
中營看似離我們相當遙遠，然而看看鄰近的圖博——或許我
們與集中營的距離，不過咫尺之遙。

參考書目：

Nikolaus Wachsmann, KL: A History of the Nazi Concentration Camps, Farrar, Straus and Giroux, 2015.

Wiki, Dachau concentration camp, https://en.wikipedia.org/wiki/Dachau_concentration_camp#Deportation_of_Soviet_nationals, 2020.4.20 引用

Wiki, Bergen-Belsen concentration camp, https://en.wikipedia.org/wiki/Bergen-Belsen_concentration_camp, 2020.4.20 引用

Chuck Ferree, The Liberation of Dachau, https://www.jewishgen.org/ForgottenCamps/Witnesses/DachEng.html, 2020.4.20 引用

Holocaust Encyclopedia, Bergen-Belsen, https://encyclopedia.ushmm.org/content/en/article/bergen-belsen, 2020.4.20 引用

Richard Dimbleby, Richard Dimbleby describes Belsen, https://www.bbc.co.uk/archive/richard-dimbleby-describes-belsen/zvw7cqt, 2020.4.20 引用

尤太舊街區

文／陳冠瑋

教學提示

① 什麼是尤太舊街區？為什麼尤太人集中住在特定區域，與納粹有什麼關係？這些尤太區現在還存在嗎？

② 納粹德國時期的尤太區中，居民生活狀況如何？尤太人是否曾進行反抗？要求特定種族居住在特定區域是否合理？

　　《借問阿嬤》開場不久後，三位年輕人打鬧著模仿起當
年納粹抓捕尤太人的槍戰，其地點正是在導演巴林特的阿嬤
莉薇雅當年於匈牙利的住處附近。莉薇雅年少時住在布達佩
斯的尤太區／尤太人區（ghetto），和其他四戶人家同住一
間公寓，後來也在此處遭到納粹逮捕，隨步行隊伍被送入達
豪集中營，中途她曾在柯馬倫嘗試逃走，但以失敗告終。雖
然在尤太人的歷史上，聚居並不是特殊現象，但納粹德國的
諸多措施，賦予「尤太區」──或現在稱尤太舊街區──另
一層特殊的意義，並連結了慘痛的歷史。

●什麼是「尤太區」？

　　電影中，「尤太區」的英語用字為 ghetto，根據劍橋英
語詞典，這個字雖然可以專指舊時的尤太人居住區，音譯為
「隔都」，也可以泛指貧民區、貧民窟、城市中某種族或某
階層團體的聚居區。而英語 Jewish quarter 亦指「尤太區」，
也就是城市中尤太人聚集居住之處。

　　那麼，尤太人究竟為何聚居？基於宗教、政治、經濟、
文化等理由，尤太族群在歷史長河中，一直有其特別的地

位。而「反尤主義」（Anti-semitism）的淵源悠久，形式和理由也並不單一，更造成許多難以抹滅的結果 ▼ 參考：〈尤太大屠殺〉 。基於宗教理由，尤太社群常需要以尤太教堂（synagoge，源自希臘文「聚會場所」之意）為中心聚居。事實上，尤太區可能指尤太人自願的聚集居住。例如，德語中所謂的 Judengasse 便是指「尤太巷」，是尤太人居住與工作的巷子，存在許多德語區的城市中，如柏林、法蘭克福、斯圖加特等，但多已於 19 世紀更改街道名稱。這些聚居的巷子通常離尤太教堂不遠。

至於非自願性聚居形成的尤太區，則是源自「排尤」的發展。自中世紀起，普遍信仰基督教的歐洲視信仰尤太教的尤太族群為異端。1516 年，義大利威尼斯首先把尤太人口集中至特定區域居住，並稱該區域為 ghetto。其後，許多歐洲城市也開始設立尤太區，以法律強制規定尤太人僅能在該處聚居。

雖然法國大革命後，拿破崙法典推廣宗教平等、以及 19 世紀啟蒙運動時期的「尤太解放運動」曾經嘗試打破這種居住限制，但時至 20 世紀，納粹挾反尤主義崛起，聚居

的法律限制又再度出現。

● 納粹德國時期的尤太區

　　「Jüdischer Wohnbezirk」的門牌標誌經常出現在二戰時期納粹佔領區的城市中，這是德語的「尤太居住區」之意。納粹政權在其佔領的歐洲區域中建立尤太區，作為排尤措施的一環，以方便管理控制。尤太區的分佈範圍包括現今諸多東歐國家，如波蘭、捷克、烏克蘭、匈牙利等，而莉薇雅阿嬤就是住在匈牙利布達佩斯的尤太區。研究指出，納粹德國治理下曾存在至少 1150 個尤太區，而最大的尤太區在波蘭華沙，曾有五十萬名居住者，波蘭的羅茲（Lódz）也有約二十萬名居住者。

　　具體而言，這些尤太區約從 1939 年 10 月德蘇佔領波蘭全境後開始在波蘭設立，對居民進行人口普查、掌控職業與資源。納粹將尤太人從小的村落強制集中到這些區域，有些尤太區僅維持了數日，居民就繼續被移居、集中往更大的尤太區。在納粹德國統治下，尤太區的環境並不好：居住空間小、強制工作、營養不良、人滿為患、基礎衛生條件不佳、

宗教與教育的限制也漸漸增加。由於過度勞動加上糧食不足、傳染病橫行，尤太人生活在恐懼之中，除了遭處決以外，也有許多居民因為生活條件太差而死亡。對應《借問阿嬤》中莉薇雅的回憶，關於飲食匱乏、關於生存，尤太人在納粹政權下似乎失去了所有的名字、所有的可能，一切都在尤太人的標籤下消融，只剩下想辦法生存的選項，而只能「往前走」── 莉薇雅這麼說。

紀錄片中也提及莉薇雅年少時在尤太人舊街區玩，令人想起描繪集中營與尤太大屠殺的電影《穿條紋衣的男孩》（The Boy in the Striped Pajamas）開頭，曾引用了詩人 John Betjeman 所說：「在黑暗的理性到來之前，用以衡量童年的是聽覺、嗅覺以及視覺。」關於年少的尤太人在納粹德國下的生活經驗，除了著名的《安妮日記》以外，如《我戴著黃星星》、《漢娜的行李箱》等書，都可以窺見尤太兒童及青少年生活的樣貌與無盡痛苦。在納粹統治期間，無數的尤太孩童在尤太區經歷著吃不飽穿不暖的生活，家庭破滅，無法上學，或最終失去性命。

事實上，尤太區在納粹德國的措施中，被定位為一個

「過渡」的存在：尤太區的居民被要求勞動，提供廉價勞力以建立基礎設施 —— 這些基礎設施最終是要用以「解決尤太問題」，而尤太區的下一步便是集中營。由於聚居，許多尤太反抗納粹的運動從尤太區醞釀而生，但惡劣的生活條件和高壓管理限制了反抗的有效性，例如武器的缺乏、走私武器的高風險。而在納粹德國採取的集體責任制下，由於居民中有高比例的婦女和小孩，這樣的家庭因素也影響了具備武裝能力者的行動。因此，儘管仍有尤太區居民反抗事件，但都難謂成功，且隨之而來的便是極為血腥的鎮壓。

　　納粹統治下的尤太區有開放式與封閉式等形式，儘管開放式尤太區不同於封閉式有磚牆、插滿碎玻璃的圍牆、鐵絲網等物理性的圍欄（這也是尤太人強制勞動建設的產物），但進出同樣受到嚴格的管制，晚間不得進出，且戒備森嚴。如在電影《園長夫人：動物園的奇蹟》（The Zookeeper's Wife）中，園長一家嘗試分次進入尤太區營救尤太人，為了取得數量有限的通行證，費了相當多的心思，其中手段也包括賄賂。而開放式的尤太區並不代表較為安全，因為封閉式尤太區被納粹政權認為是某種形式的集中營，遭受清算的時間反而較晚。另外，還有銷毀式的尤太區，這更接近過渡型

的設施，約在兩週至六周的嚴密封鎖後，會進行下一步的移居或槍殺，主要存在於納粹德國的蘇聯佔領區，包括立陶宛與烏克蘭，匈牙利也有這類的尤太區。

　　行政管理方面，除了納粹軍官與尤太警察的高壓管理，德國當局在每個尤太區安排了「尤太居民委員會」（Judenrat）。此委員會雖然通常由尤太人能接受的領導者組成，但卻是指派而生，並非民主代表。對納粹而言，委員會代表的是尤太人的需求；對尤太區居民而言，委員會是納粹管理尤太區的權威。然而，這些委員負有「完全」依照納粹命令執法的義務，換句話說，委員自身的安全也是難有保障，尤太警察亦然。

　　事實上，終極地摧毀尤太區，是納粹處理尤太問題「最終解決方案」（Final Solution）政策的一環。不過，以華沙為例，華沙的尤太區大多在 1942 年確認最終解決方案的萬湖會議前就已遭清算。二戰後期，大量的尤太區居住者被送往集中營，1943 年，華沙的尤太區居民為了反抗被移送至死亡集中營與可預見的屠殺，決心抵抗，在武裝衝突後，移居措施暫緩了幾個月，但被激怒的納粹高層

海因里希・希姆萊（Heinrich Himmler）下令摧毀反抗的
尤太區，擁有火力優勢的納粹政權甚至做出炸毀尤太教堂
（Tlomacki Synagogue）此種嚴重打擊尤太族群精神象徵的
「報復」行為。希姆萊更在同年 6 月下令將所有東方佔領地
區（Ostland）的尤太區居民全數移往集中營，部分尤太區
也直接改組為集中營。1944 年 8 月，納粹在波蘭羅茲拆除
了最後一個大型的尤太區。至此，納粹統治下的尤太區終在
苦難中走向了悲劇性的末路。 參考：〈海因里希・希姆萊〉

● 今日的尤太舊街區

如今，部分尤太舊街區的舊址以不同形式被保存，包括
紀念碑、檔案館、博物館等。如華沙的尤太舊街區，就立著
「尤太區英雄紀念碑」（Ghetto Heroes Monument），紀念
當時對抗納粹的尤太區居民，此位置是 1943 年華沙尤太區
起義而第一次發生武裝衝突的地點。

而在某些地區，尤太族群聚居的區域仍然存在 —— 例
如，觀光客可以在布達佩斯的第七區進行一趟「尤太之旅」，
參觀歐陸最大、世界第二大的尤太教堂：一戰前建設的菸草

街會堂（Dohány Street Synagogue），並在尤太博物館裡檢
視檔案、追尋歷史，這區在二戰期間曾被高牆包圍，至今尤
太文化仍然在此綻放。

　　由於尤太區在文化、歷史上特殊的定位，以此為題的研
究、畫作、或詩作並不少，除了各種回憶錄，也有不少文學
作品在納粹德國時期的尤太區中產生，透過文字和藝術展現
抵抗精神。例如，Mordecai Gebirtig 為了回應 1938 年波蘭發
生的屠殺而寫下的〈正在燃燒〉（Es Brent）成為了 Krakow
（波蘭舊首都克拉科夫）尤太區抵抗運動的地下精神歌曲。
又例如最後在集中營過世的 Itzhak Katzenelson，原本是波蘭
的教師，他在尤人區中見證了各種苦難，包括自己的妻子與
小孩慘遭殺害，但仍寫下了充滿希望的詩句等文學作品。這
些流傳後世的作品，讓今日的讀者仍能瞥見尤太舊街區的樣
貌。

　　《借問阿嬤》中，年輕人們討論著莉薇雅兒時在尤太人
舊街區玩、以及眾多家庭擠在同一公寓的狹窄感，他們重返
阿嬤生活的現場、想像著當時生活條件的惡劣。儘管以輕鬆
的方式呈現，帶給觀眾的仍是一段沈重的過往。每當莉薇雅

想起身為尤太人遭受的經歷，那深層而難以言喻的疲憊，也總是能感染螢幕內外。透過這部紀錄片、以及各種描述尤太人親身經歷的書籍與電影，我們或許能從這些立體的經驗中略為拼湊當時尤太人在舊街區的生活環境、以及尤太人在時代中的處境，反思時代的悲歌。只是，也令人長考：何以這些「故事」仍未遠去，時至今日，以種族為名的爭議、甚至壓迫，卻依然發生。

參考資料：

猶太虛擬圖書館（Jewish Virtual Library），網址：https://www.jewishvirtuallibrary.org/

Michal Grynberg (Editor), Philip Boehm (Translator, Introduction). Words to Outlive Us: Eyewitness Accounts from the Warsaw Ghetto, Picador, 2003.

卡蘿拉・史坦（Carola Stern）、英格・柏德森（Ingke Brodersen），《希特勒草莓：屠殺、謊言與良知的歷史戰場（改版）》，商周出版，2012

安妮・法蘭克（Anne Frank），《安妮日記》，皇冠出版，2013

英兒・杜肯（Inge Deutschkron），《我戴著黃星星》，啟明出版，2017

提摩希・史奈德（Timothy Snyder），《黑土：大屠殺為何發生？生態恐慌、國家毀滅的歷史警訊》，聯經出版，2018

凱倫・樂文（Karen Levine），《漢娜的旅行箱》，木馬文化，2019

丘引，《嫁禍、驅逐、大屠殺：求生存的猶太歷史》，時報出版，2019

海因里希·希姆莱

文／路那

教學提示：

① 了解海因里希‧希姆萊的簡略生平。

② 理解為何一個受過良好教育的知識分子，竟會成為人類史上最知名的謀殺犯之一。

　　談到納粹德國時，不可能不提及海因里希‧魯伊特伯德‧希姆萊（Heinrich Luitpold Himmler）。曾被希特勒稱呼為「忠誠的海因里希」的希姆萊，是希特勒重要的左右手。他是組建起納粹菁英核心組織「黨衛隊」（Schutz Staffel，簡稱為 SS）的重要人物，也是日後抓捕尤太人的「秘密國家警察」（Geheime Staatspolizei，縮寫 GESTAPO，音譯為「蓋世太保」）的首領。正是在他主導的政策下，納粹在慕尼黑建立了達豪集中營，用以關押反對納粹政權的異議者。

▼ 參考：〈集中營〉 在二次大戰戰後，普遍認為他應該對納粹對歐洲 600 萬名尤太人、至少 20 萬羅姆人（俗稱吉普賽人）、同性戀者、共產黨和一些基督宗教的迫害和屠殺負起主要的責任。在戰後的德國，他被視為「有史以來最大的劊子手」。

在你心中，會犯下這些罪行的人，是什麼樣的人呢？
他是否應該像是電影裡的反派一樣，不僅個性殘暴、言語粗
魯、與父母親的關係欠佳，甚至連外貌都醜陋不已？

但翻開歷史，我們或許會震驚於他的「非典型」。

● 父親是王室教師，母親出身富貴人家：飽受呵護的童年

生於 1900 年的希姆萊，是約瑟夫和安娜・希姆萊的次
子。約瑟夫・希姆萊（Joseph Himmler）是個典型白手起家
的例子：他靠著自己的努力，成了巴伐利亞王室的家庭教師。

作為王室教師，老希姆萊對三個兒子的教育可說頗為
用心。他的目標是將兒子們培養成擁有「德意志性格的男
人」。什麼是德意志性格？根據希姆萊家的後人所述，那就
是勤奮、盡責、守規矩和聽話。這顯然是一個盡責的家庭，
親子之間的關係也堪稱良好。希姆萊在小學時是以第二名的
成績畢業。他就讀中學的時期，在歷史學、古典學、宗教學
等科目有著絕佳的成績。他中學畢業時，畢業證書上的評語

是「品行端正，性格勤勉而守規矩」。在這樣家庭中長大、本身顯然是個優秀學生的希姆萊，為什麼最後成了犯下種族滅絕罪刑的劊子手？

　　這或許得回溯到「德國」出現的那一刻了。

●在「德國」之前，是「普魯士國」：德意志帝國的崛起與潰敗

　　生活在當代的我們，對於「民族國家」的概念習以為常──德國裡多數是德國人。喜歡強調己身歷史淵遠流長的民族主義，更時常帶給我們一個「自古以來」的既定印象，認為民族和國家這兩個「自古有之」的概念，很早以前就彼此結合了。然而實際上，翻開史書，會發現在 17 世紀之前，幾乎所有的國家都存在著不只一個民族：羅馬帝國如此、鄂圖曼土耳其帝國如此，就連唐帝國也是如此。所謂「民族國家」的概念，實際上是因應中世紀後期羅馬教廷的統治力日益衰落，歐洲地方主義逐步興起，在 19 世紀後的歐洲才開枝散葉。

　　德國也不例外。事實上，在海因里希出生的 30 年前，
也就是他父親約瑟夫剛出生沒多久時，德國才在普魯士王
國的國王威廉一世和首相俾斯麥的領導下逐漸成型。1870
年的普法戰爭，普魯士大獲全勝後，威廉一世在凡爾賽宮
鏡廳正式登基為德意志皇帝，這才建立了「德意志帝國」
（Deutsches Reich）。

　　換言之，當時的德國是個非常年輕的國家。儘管年輕，
但它的野心卻不小。在威廉一世的孫子，年方 29 歲的威廉
二世繼位後，德意志帝國按照其他歐陸國家的榜樣，積極地
大幅增強戰力，並在海外拓展殖民地。對當時的德國人來
說，帝國和它年紀尚輕的統治者一樣，正處於一個欣欣向榮
的大好時間。因此，當 1914 年德國因巴爾幹半島的糾紛而
向英俄等國宣戰時，包含知識分子在內的大多數德國人對此
是相當興奮的。

　　從小就對戰爭頗為嚮往的海因里希，和整個社會一樣，
對戰爭抱持著再樂觀不過的想像，儘管德國在不久後就陷入
了泥沼。很快地，國家便徵召學生上戰場。想要證明自己男
子氣概的海因里希，自然躍躍欲試。然而當他還在受訓時，

德意志帝國便已受不了盟軍的猛攻，舉白旗投降了。沒來得
及上戰場的海因里希，無從體驗戰爭的殘酷。於是他將戰爭
視為成王爭霸的遊戲，而非家破人亡的恐怖事件。這樣的想
法普遍存在於日後納粹黨徒的心裡。

　　1919 年，德國投降，簽訂《凡爾賽條約》，第一次世
界大戰結束。威廉二世被迫退位逃亡，距離他祖父意氣昂揚
地在凡爾賽宮登基，不過 48 年。

　　皇帝遠去，於是共和國就成了德國的下一個選擇。由於
這個新生共和國的憲法是在威瑪召開會議制定的，此時期的
德國因而被稱為「威瑪共和國」。等待著這個新生共和國的，
除了不熟悉民主體制的人民與傷殘退役的士兵之外，還有數
額龐大的戰敗賠款。新生的共和國將往哪個方向前進？不難
想像德國人的人心惶惶：他們的大國之夢，被極為粗暴地喚
醒了。

　　希姆萊一家也受到了莫大的衝擊。深信著德國將會勝利
的老希姆萊，將家中財產大量投資於戰爭公債。若德意志帝
國勝利，那麼希姆萊家將富可敵國。

然而，德意志帝國戰敗了。希姆萊家因此一無所有。

●替罪的尤太人，與瀰漫德國的種族主義

類似希姆萊家狀況的德國人不在少數。然而，比起責怪打了敗仗後逃離國家的威廉二世，許多人選擇將不滿的情緒發洩在外來的尤太人身上。這些被憎恨的尤太人，有一大部分是來自於東歐。在 1881 年到 1914 年間，超過 200 萬的東歐尤太人想要移民美洲，然而許多人在途經德國的時候便不再前進。

不幸的是，從 19 世紀末開始，東歐就被視為骯髒、愚昧而未開化的地方。從此地跋涉而來的尤太人，於是被看成是落後、貧窮而骯髒的異類，導致反尤主義節節高升。雪上加霜的是，就連醫學學者、社會衛生學者這些擁有專業知識的高知識分子，也贊同這類觀點。在第一次世界大戰時，這些知識份子甚至鼓吹在德國占領區施行「清潔種族血統」。

要了解為什麼這些知識份子會有這麼恐怖的提議，就必須要理解當時盛行的社會達爾文主義思潮。發展於 19 世紀

的達爾文主義，對 19 世紀末到 20 世紀初的社會與政治思想有著相當重大的影響。在對科學理論的錯誤挪用下，當時的歐洲人發展出「白人優越種族主義」的概念，從中又誕生了「日耳曼優越主義」。

這些日耳曼主義者認為，在眾多的白人族群中，由於日耳曼人習慣在寒冷的氣候中生活，他們的天擇環境更為嚴苛，因此他們的生存技巧更為高等、更為優秀。對於堅信這套胡說八道的高知識份子而言，他們總是可以找到更多「科學」的理由，去解釋為什麼住在更高緯度地區的維京人和因紐特人沒有比日耳曼人更優越。

1899 年，德國醫師、博物學家、藝術家與哲學家恩斯特・海克爾（Ernst Haeckel）出版了《宇宙之謎》（Welträtsel）一書，將上面的胡說八道介紹給大眾。依然沉浸在新生的強盛德國氣氛中的德國人，不僅很快地便接受了海克爾的主張，更進一步地擁抱了「優生論」。1904 年，出現了主張「優生改革」的聯盟。要求保持德國「血統純淨」。德國人開始展現出對「日耳曼遺傳因子」（如金髮藍眼的特徵）的偏好。與此同時出現的，便是對其他人種的徹底排斥。而在

長達 50 多年的流傳後，源於科學卻為偏見服務的日耳曼優越論與血統純淨論，最終蛻變為納粹黨的核心宗旨。

換言之，希姆萊的反尤思想與種族歧視，並非他個人獨有，也非一朝一夕的想法，而是受到了家庭與社會根深柢固的偏見影響所致。諷刺的是，這些偏見竟來自於對「科學理性」與「文明進步」的推崇。這些本應增進全體人類福祉的概念，最終卻讓人類得以使用「有系統的科學方式」進行駭人聽聞的種族滅絕。

●重返榮耀，之後又全部失去：希姆萊的納粹生涯

由於德國戰敗而積欠的賠款，使得戰後德國在 1922 年開始陷入了惡性通膨之中。1923 年的 8 月，一美元可以兌換 100 萬馬克；9 月，兌換 10 億。到了 10 月底，一美元可以兌換到萬億馬克。隨著通膨的惡化，新生的威瑪共和國逐漸失去人民本就不多的信賴。

1922 年，希姆萊從慕尼黑工業大學（Technische Universität

München）畢業，同時考取了農藝師執照，找到了一份實驗
室助理的工作。然而他對自己的工作並不滿意。曾參加右翼
組織「自由軍團」志願團的希姆萊，在納粹黨元老羅姆的鼓
吹下，決定改為投身政治。他效忠的對象，正是在 1921 年
出任納粹黨黨魁的希特勒。當時的希特勒，在威瑪共和國是
引人注目的政客。他在 1923 年，於慕尼黑皇家啤酒館組織
了一場意在奪權的暴動。日後以「啤酒館暴動」聞名的這場
暴動，很快地遭到了鎮壓，希特勒因此入獄。希姆萊因此失
去了工作和夢想。然而這個狀況很快地就改變了——1924
年，納粹黨在帝國議會的選舉中獲得了席次。

　　另一方面，威瑪共和國的前景則相當令人擔憂。由於
議會裡的不同黨派常因理念與利益而分裂，導致政府時常必
須重新進行議會選舉。此雖為內閣制的常態，但當時的德國
剛剛脫離帝制，不管政客或大眾，對民主的概念仍然相當模
糊。加上由此衍伸而來的腐敗與遲緩的行政效率，讓人民逐
漸懷念起獨裁者統治的年代。

　　1933 年，獲得議會多數席次的納粹黨黨魁希特勒成了
總理。同年 2 月 28 日，發生了「國會縱火案」。這個起因

可疑的縱火案，成了希特勒擴權的起點。他下令國家進入緊急狀態，剝奪公民言論、新聞、集會、通信與通訊隱私等的基本權利。對政敵的「保護性監禁」也成為常態——看起來，共和國似乎已決心往極權之路走去。

　　也在此時，希姆萊被任命為慕尼黑警察局長。諷刺的是，希姆萊不僅沒有正規的警察或軍事訓練，他的身體還不怎麼好。希特勒為什麼要起用這樣的人來擔任警察局長的角色呢？這或許和希姆萊家庭與巴伐利亞貴族們之間的關係有所關聯吧——如前所述，老希姆萊曾是舊貴族的家庭教師，擁有著豐富的人脈。舊貴族儘管失去了固有的政治勢力，然而他們在其他領域的影響力，依然不容小覷。加上納粹黨的根據地，正是巴伐利亞首府的慕尼黑。

　　慕尼黑警察局長這個看似無關緊要的職位，給了希姆萊建立高效武裝隊伍的機會。很快地，他便在巴伐利亞警察局大樓後成立了軟禁監獄，開始了替希特勒追捕政敵的舉動。同年 3 月 20 日，挾著國會縱火案後民意的高支持度，納粹黨通過了數項法案，抵銷了過往德國法律禁止以對政權不忠為名的審判與處決。拜此之賜，希姆萊在記者會上宣布將關

押反納粹政權的政治犯，第一個政治犯集中營於焉成形，也
就是上文曾介紹的達豪集中營。僅僅在該年的 4 月到 5 月間，
黨衛軍就在那裏殺了 12 名政治犯。

　　希姆萊家終於再次站回權力階層。

　　海因里希・希姆萊並未滿足於這個職位。他希望在政治
上爬得更高。1934 年 4 月，被希特勒以「忠誠的海因里希」
來稱呼的希姆萊，被任命為普魯士蓋世太保總監。當時的納
粹黨，在黨內正面臨由羅姆率領、以底層人民為主的衝鋒
隊，與戈林創立、由中產以上人民居多的黨衛隊之間的權力
鬥爭。在黨外，羅姆則因極力爭取國防部長的職務，而和舊
有德軍系統產生極大摩擦。羅姆不僅身為納粹黨元老成員，
他所管轄的衝鋒隊人數亦有 300 萬之多，使得他和希特勒之
間也隱然有著某種緊張態勢。因此，戈林和希姆萊聯手，說
服希特勒，發動了「長刀之夜」，由希姆萊以謀殺政敵的形
式，替希特勒「清洗」了以羅姆為首的黨內政敵。同年 11 月，
希姆萊從戈林手中接過其他地區蓋世太保的領導權，成了令
人聞風色變的國家秘密警察的總領導者。此後，士兵和官員
不再效忠於憲法，而是效忠於「元首」希特勒。

1935 年 9 月，剝除尤太人公民權的《紐倫堡法案》出現了。隔年，希姆萊出任「帝國內政部全國警察總長」，獲得了警察系統完整領導權。希姆萊開始執行他的「任務」——以各種今人難以想像的「效率」、「科學」、「為帝國貢獻」的方式，系統性地消滅納粹的敵人們。這些敵人包括了共產黨、社會民主主義者、工會成員、尤太人、羅姆人、同性戀，最後是反對納粹的所有人。

希姆萊替第三帝國立下了莫大的功勳。他在 1943 年 8 月接管內政部，攀上了個人政治權力的頂峰。然而，彼時的德國，已重蹈了一戰時的覆轍，陷入戰爭的泥沼中。

1945 年，希姆萊反攻蘇聯失敗，希姆萊亟欲出賣希特勒以謀求自保，因此希望能秘密地與盟軍和談。他的企圖遭到英國首相邱吉爾的悍然拒絕——盟國的勝利已近在眼前，為什麼要為了希姆萊而放棄大獲全勝呢？盟軍只接受無條件投降。另一方面，希特勒很快地便聽說了「忠誠的海因里希」的背叛，於是憤然將他解職。

儘管希姆萊再三試圖回到權力核心，然而無論對他或者

對第三帝國而言，都為時已晚。1945 年 5 月，希姆萊變裝
持他人護照想要逃離德國。然而因證件太新，在不來梅港口
被英軍攔截，遭到拘留。隨後他咬破藏在牙齒中的氰化鉀膠
囊自殺。「史上最大劊子手」就這樣死在簡陋的拘留室之中。

●愛護動物、害怕血腥的劊子手

　　根據戰後眾人的回憶，做為「最大劊子手」的希姆萊，
在日常生活裡卻是個愛護動物，曾批判「把槍口對著無知地
吃草，沒有罪的動物」的獵人。他曾多次觀看處決與大量屠
殺集中營犯人的場面，因而留下了眾多「身體不適」的紀錄
——他被目擊頭暈眼花，甚至出現了嘔吐反應的狀況。然而
另一方面，他又對「下等種族」如尤太人與其他非日耳曼民
族有著強烈的憎恨之心，認為他們「精神上比所有動物都還
要低等」，因而非得要致力於消滅他們不可。美籍尤太裔哲
學家漢娜・鄂蘭（Hannah Arendt）在觀看另一個納粹頭子
艾希曼（Eichmann）的大審時，因驚訝於犯下屠殺罪的這
些戰犯們並非如大眾所想像的在生活的每個層面上都是冷血
的怪物，驚訝於他們所擁有的「人性」，因而發展出了「邪
惡的庸常性」（the banality of evil）的概念，指出邪惡其實

不僅僅有我們印象中的殘暴層面，它也有可能因對社會價值的盲從與不反抗乃至於對自我信念的堅持之中成長茁壯。

從《借問阿嬤》、《希特勒的孩子》與《希姆萊的兄弟們》等等述說加害者與他們的後代如何回看家族史，如何與自己和解，並取得加害者與其後代諒解的經驗來看，這橫亙人心的傷痛，總有平息的一天——如果我們可以一直勇敢地直視過往的錯誤。

參考書目：

齊格蒙·包曼（Zygmunt Bauman），《現代性與大屠殺》，譯林出版社，2011

漢娜·鄂蘭（Hannah Arendt），《平凡的邪惡：艾希曼耶路撒冷大審紀實》，玉山社，2013

卡特琳·希姆萊（Katrin Himmler），《希姆萊兄弟》，世界圖書出版公司北京公司，2016

譚雅·克拉斯尼安斯基（Tania Crasnianski），《納粹的孩子》，商周出版，2016

換日線讀書會，〈【回顧耶路撒冷審判】漢娜鄂蘭：當一個民族只信仰自己，我不愛猶太人、也不信仰他們〉，換日線，https://crossing.cw.com.tw/article/10352，2020/3/18 引用。

蔡慶樺，〈我們這一代人的良知衝突—德國弗萊堡大學的「海德格教席」風波〉，獨立評論，https://opinion.cw.com.tw/blog/profile/289/article/2629，2020/5/1 引用。

匈牙利
共產黨

文／陳冠瑋

教學提示：

① 莉薇雅阿嬤為什麼認為羅珊阿嬤對於共產黨的看法過於簡化？英美等國家為何總對共產黨抱持敵意？

② 莉薇雅阿嬤為何對匈牙利的共產政體失望？東歐共產革命發生了什麼事？

匈牙利在二戰期間，原本是與納粹德國同一陣營的軸心國，但私下與同盟國談判遭德國得知後，1944 年逐成為德國佔領區。《借問阿嬤》中來自匈牙利的莉薇雅阿嬤因為其尤太血統及共產黨員的身份，遭遭送進入達豪集中營。在對談中，被問起為何會加入共產黨，阿嬤表示相信社會主義，但後來的發展裡，一黨專政下的專制體制走向極權卻令她失望。從集中營與大屠殺歷劫歸來的莉薇雅，回到匈牙利後擔任中學教師，又再次見證了東歐的震盪。儘管如此，對共產黨失望的莉薇雅阿嬤仍然提醒羅珊，她對於共產黨的批評建立在太過簡化的認識上。英美等國家為何總對共產黨抱持敵意？而匈牙利又是如何成為共產國家？後續的革命發生了什麼事？

● 「打倒共產黨」：西方國家的目標？

我們可以先從「共產」與「反共」意識型態的內容與對立談起。羅珊阿嬤是英國間諜，投注在打擊共產黨的工作中，在《借問阿嬤》中，她對於共產主義的敵對態度仍然相當明顯，但也被莉薇雅阿嬤提醒，要小心「西方國家」過於簡化的觀點。英美等第一世界的國家反共，這是早於冷戰開

始前便已存在的意識型態對立，羅珊阿嬤在擔任間諜搜集共
產黨情資，也是在二戰前就已開始的任務。

　　自馬克思提出共產主義、提倡共產革命，而後 1917 年
俄國共產革命成功，蘇聯成立，這使得英美等西方諸國開始
緊張，逐漸形成了「反共」的意識型態。反共的理由很多，
例如，奉「民主」為圭臬的體制，反對共產黨一黨專政、缺
乏政治領域不同意見的自由競爭；而共產主義的終極目標是
廢除私有財產制，這也使得以資本主義為主流的西方世界緊
張。這些理念上的差異，使得許多「自由民主國家」將對抗
「共產主義國家」視為重要目標，而此種「反共」與「共產」
意識型態的對抗狀態，從羅珊阿嬤工作的時代便已存在，持
續至二戰後的冷戰時期更成為國際情勢的基調。從二戰後直
至蘇聯解體，所謂「冷戰」歷經近半世紀，以美國為首的自
由民主體制國家被稱為「第一世界」，實施共產制度的蘇聯
以及諸多東歐國家則是「第二世界」，這種第一世界與第二
世界的對抗是冷戰的主軸。　▼ 參考：〈緬懷威權〉

　　莉薇雅阿嬤說，她完全不相信民族主義，對社會主義有
期待，對共產黨有期待。不過，社會主義不必然通往共產主

義。基本上，鑒於工業革命後貧富差距擴大，「社會主義」
的主張包括對市場經濟的修正，並不與民主制度相衝突，甚
至也可以與資本主義共存。比如當前北歐國家強調的「社會
民主主義」，便是建立在民主制度的基礎上，對資本主義有
所修正，不採用完全的市場競爭機制，例如保障工作權、
強調良好的社會福利制度等。但「共產主義」更進一步地主
張無產階級專政，取消私有化，是更劇烈的財富重分配，而
要建立共產制度國家的話，將通過工人的階級鬥爭，包含同
意以暴力奪取政權。這當然同樣是簡化的說法，但不同理念
背後都有值得深究的理論支撐，電影中這段對話能傳達給觀
眾的，包括了對於歷史、對於知識的謙卑態度，隨時反思自
己的視角並不全面。全盤接納某種觀點並非不妥，只是需要
經過自身更仔細的思辨。不同意識型態之間難有優劣之分，
或許自由民主是當前最適合的生存方式，但不代表其他主義
就毫無可取之處。莉薇雅對於一黨專政的共產極權制度失望
了，但這也正說明了現實與她想像中的烏托邦並不相同，被
共產黨實現的共產主義，與她信念裡的也可能不同。

　　另外，有關莉薇雅曾提及「集權」與「極權」的關係，
也留給觀眾思考的空間：從中央集權統治走向極權主義是否

為必然？所謂「集權」的概念是政治權力集中，討論的是政治權力的分配方式；而「極權」則是指在一個政體中，不容許多元價值，只由單一、官方的意識型態主宰，伴隨一黨專政、思想控制等手段。不過，儘管兩者有所差異，但關於集權可能步入極權的警告，在現今的新聞、社論中仍然不絕於耳，值得留意。

那麼，為了瞭解莉薇雅阿嬤曾加入的匈牙利共產黨究竟在匈牙利的歷史上扮演什麼樣的角色、而從大屠殺倖存的她在戰後又經歷了什麼，使她對匈牙利共產黨失望，以下將簡要地介紹匈牙利與匈牙利共產黨的發展史。

● 從匈牙利民主共和國到匈牙利人民共和國

奧匈帝國瓦解後，一戰後匈牙利民主共和國成立。然而，一如當時國際上諸多國家面臨的問題，經濟困境也糾纏著這個民主政體。匈牙利共產黨最早成立於 1918 年，1919 年 3 月與匈牙利社會民主黨結盟，合併為匈牙利國家社會黨，結束了不到半年的匈牙利民主共和國，並建立世界上第二個共產政權：「匈牙利蘇維埃共和國」。但同年 8 月，在

協約國的攻擊下，匈牙利蘇維埃共和國再次被顛覆，隔年，新政權匈牙利王國成立，並在二戰中靠向納粹德國，又於 1944 年被德國佔領。

　　共產黨的勢力在這些年間幾經重組與改名，在納粹德國佔領期間進行游擊抵抗。1944 年間，在蘇聯支持下，共產黨勢力組成匈牙利臨時國民政府。戰後，匈牙利第二共和國在 1946 年成立，但共產黨勢力於前一年整合而成的「匈牙利勞動人民黨」贏得選舉後，於 1949 年以修憲程序推翻第二共和國，建立了「匈牙利人民共和國」，實行共產體制，至此，政權幾經更迭的匈牙利成為東歐共產諸國的一員、「鐵幕」東側的一環。所謂「鐵幕」，指的是冷戰時期劃分歐洲不同意識型態國家的界線，鐵幕的西側是自由主義、資本主義的國家，東側則是共產主義國家。

　　戰後，1949 年匈牙利人民共和國成立，領導人由被稱為「匈牙利史達林」的拉柯西・馬加什（Rákosi Mátyás）擔任。拉柯西奉行史達林的體制，依據蘇聯模式進行高度的中央集權、思想控制以及階級鬥爭，從教育、文化、財產、勞動、宗教等層面進行完全的社會控制。在拉柯西的執政下，

首先，反對意見者、尤其是政治上不同派系者，先受到國家勢力的清算，而知識份子和資產階級同樣是打擊的目標，他們被拘捕、流放、或殺害。拉柯西也更換教會領導人，並從教育層面控制大學思想。但同時，共產政府積極投入工業的經濟目標並未達成，反而帶來資源短缺、通貨膨脹嚴重。共產黨勢力的施政比起社會主義，更接近極權主義。而在如此的共產黨施政下，民不聊生的狀況逐漸累積了民怨。1953年史達林逝世後，赫魯雪夫進行的改革朝向了「去史達林化」，再加上 1956 年波蘭起義，影響了匈牙利國內的情勢。

1956 年 10 月 23 日，沸騰的民怨爆發，學生在布達佩斯的大學前開始集會，工人階級受到鼓舞，許多民眾響應，也有知識份子加入演說，布達佩斯開始了大規模針對政府的抗議，要求各項改革，內容囊括經濟、結社自由、選舉等方面。在「去史達林化」潮流中上任的新領導人納吉·伊姆雷（Nagy Imre）是溫和改革派，他接下了陳情後，仍有部分要求強力改革的群眾繼續抗爭。人們開始剪下匈牙利國旗中間的共產黨標誌、並且推倒史達林的雕像。此時卻發生了秘密警察對民眾開槍的狀況，使得衝突繼續升級，人民的抗爭強度增加。至此，蘇聯軍隊也開始介入。不過，儘管蘇聯軍

隊包圍布達佩斯，由於人民持續採游擊方式攻擊，雙方形成
僵持的局面。在納吉的斡旋下，月底雙方同意停火，蘇聯總
算答應撤軍，匈牙利政府承諾人民啟動多項改革，納吉也宣
布匈牙利退出《華沙公約》成為中立國，請求國際社會協助。

　　然而，11 月初蘇聯卻再次派兵，儘管匈牙利人民奮力
抵抗，蘇聯仍以優勢軍力三日攻下布達佩斯，扶植親共的新
政府成立。包括納吉在內，超過兩萬名起義份子遭到逮捕、
清算、甚至處決。匈牙利再次進入高壓統治。納吉也受到秘
密審判，並在 1958 年以叛國罪被處決，直至 1989 年匈牙利
民主化後才獲平反。

　　1956 年的匈牙利革命，雖然最終以被鎮壓告終，但仍
在匈牙利的歷史上寫下鼓舞人心的一頁。而從拉柯西政府到
1956 年匈牙利革命，共產黨各種獨裁、鎮壓的作為或許已
讓原本對於社會主義抱持希望的支持者相當失望，莉薇雅阿
嬤可能就是其中之一。

●民主化的匈牙利

　　1980 年代中期開始，包括匈牙利、波蘭、捷克在內的東歐共產黨逐步脫離蘇聯的控制，在國內進行改革。1989 年，匈牙利進行憲政改革，從四十年的「匈牙利人民共和國」邁向了「匈牙利共和國」，正式宣告匈牙利共產勢力的時代結束，進入市場經濟與多黨民主的政治體制。儘管政治學者福山曾提出「歷史終結論」，認為冷戰結束、1991 年蘇聯解體後，全世界的政治環境終將趨向民主制度，並保持穩定，但以匈牙利而言，轉型後包括經濟問題的陣痛、處理歷史問題的難為，都使得民主在匈牙利的鞏固並不輕鬆。儘管轉型後的第一個十年，匈牙利在人權保障上相當積極，例如政府積極推動處理轉型正義的法案、憲法法院宣告死刑違憲等，但 2010 年以降，匈牙利的政治情勢被認為是民粹、排外的勢力掌權，限縮言論自由、學術自由，打擊同志、移民、強調民族主義、壓制多元主義。脫離共產黨後，這新生的「民主」又在匈牙利受到嚴峻的挑戰。而這波新浪潮中，歐盟如何面對、國際社會如何面對，同樣值得關注。

　　從《借問阿嬤》中，我們看見了歐洲不同國家、不同

意識型態之間進行對話、嘗試互相理解的可能，試著保持謙
卑、並更深入了解「他者」思緒背後的肌理，或許也是這部
電影帶來的啟發 ── 留給每位仍對溝通抱有希望的觀眾。

參考資料：

Martin Mevius, Agents of Moscow: The Hungarian Communist Party and the Origins of Socialist Patriotism 1941-1953, Oxford Historical Monographs, Clarendon Press, 2005.

東尼‧賈德（Tony Judt），《戰後歐洲六十年 1945~2005》，左岸文化，2013

提摩希‧史奈德（Timothy Snyder），《黑土：大屠殺為何發生？生態恐慌、國家毀滅的歷史警訊》，聯經出版，2018

周力行，《匈牙利史：一個來自於亞洲的民族（增訂三版）》，三民書局，2019

奧立維‧侯蘭（Olivier Rolin），《古拉格氣象學家》，木馬文化，2020

英國情報
工作站

文／路那

教學提示：

① 情報工作對戰爭的影響有多大？從歷史上看，女性
　 從事情報工作的比例甚高，為什麼螢幕上常看到的
　 卻比較多是男性情報員？情報員的形象因此受到什
　 麼樣的影響呢？

② 布萊切利莊園算是「不義遺址」嗎？情報員的誤判，
　 在現實中可能造成極大的損害，該如何看待他們的
　 誤失呢？

在《借問阿嬤》中，英國阿嬤羅珊是一個相當特別的阿嬤：她並非加害人，亦非受害者。她在布萊切利莊園（Bletchley Park）工作，她是協助結束戰爭的人。

羅珊隸屬的布萊切利莊園在二戰時是高度保密的機密地點。這個又被稱為 X 電台（Station X）的地方，其保密之嚴謹，以致於一般大眾直到 1990 年代布萊切利莊園差點被夷為平地時，才了解到原來這棟混合了維多利亞哥德式、都鐸式和荷蘭巴洛克式的奇怪建築，竟是同盟國得以贏得二戰的關鍵之一：在一片若無其事的莊園風景中，進行著屬於最高機密的密碼解讀。凡是攔截到軸心國經過加密的隻字片語，都會被送到此處進行解碼。

在布萊切利莊園的眾多工作中，最出名的，應非破解德國密碼機「恩尼格瑪」（Enigma）莫屬。這台以德文「謎」為名的密碼機，號稱可以創造出超過十兆（正確數字是 159,000,000,000,000,000,000）個加密方式。更棒的是，儘管擁有這麼多加密方式，它的使用方法並不困難。

在最原始的加密方法中，有一項是這樣做的：發信方和

收信方各自持有一本完全相同的書籍，他們約定好以書裡某一頁的某個句子作為替字母重新排序的「鑰匙」。之後，發信方便可以利用「鑰匙」加密訊息，而收信方只要知道「鑰匙」是什麼，就可以簡單地還原訊息。「恩格尼瑪」的使用原理和上述的做法頗為類似，只是透過機械裝置的增加與變換，人們不用努力重新計算解碼，便可以輕易地將密碼變為明文，也就是未經加密處理的原始訊息。德軍只要按照上級的指示，以「鑰匙」替機器作同樣的設定就可以了，大大地降低了解碼所需的時間與解錯的機率。與此同時，只要德軍一個月換一次「鑰匙」，那麼高達十兆的編碼方式，更讓破解它成了幾乎不可能的任務。

這段故事，就是電影《模仿遊戲》（The Imitation Game）中的主軸：數學家圖靈（Alan M. Turing）如何絞盡腦汁地破解德軍手上最大的武器。圖靈當時上班的地方，正是布萊切利莊園。附帶一提，圖靈用來破解恩尼格瑪的機器，即是後來現代電腦的雛型之一（偷偷說，是的，儘管恩尼格瑪看起來威猛難擋，但其實身處現代的我們光是用手機就能破它十兆次了。科技的進步，實在令人印象深刻啊）。

●從貴族莊園到諜報戰基地：布萊切利莊園的歷史

位於連接牛津大學與劍橋大學的「大學線」（Varsity Line）鐵路近郊的布萊切利莊園，因地處倫敦周遭的地利之便，在 1938 年被時任軍情六處負責人的海軍上將休·辛克萊爵士（Admiral Sir Hugh Sinclair）以 7500 英鎊買下這處原本要被土地開發商夷平興建大樓的莊園。

軍情六處（MI6）是英國軍事情報局第六處（Military Intelligence, Section 6）的簡稱。這個機構的成立，最遠可追溯到 1909 年。它負責的是針對海外的情報與間諜工作。歷史悠久的軍情六處，被認為是 1930 到 1940 年代最高效的情報機構之一。曾協助美國戰略情報局（即今日的 CIA，中央情報局）培訓情報人員的軍情六處，說是情報機構中的祖師爺等級或許也不為過——正是這樣的神秘狀態，讓許多小說和電影都以此為靈感來源：如英國的間諜小說大師約翰·勒卡雷（John le Carré）和舉世聞名的 007 系列。有意思的是，007 系列的作者伊恩·佛萊明（Ian Lancaster Fleming）和間諜小說大師勒卡雷，兩人都曾以特務身分，任職於此機構。

　　擔任海軍情報科總監的休・辛克萊爵士以「政府密碼學校」之名，作為機關的掩護措施。他看中了布萊切利莊園此地為電話線交匯之所，且擁有鄰近倫敦、布萊切利火車站位處大學線上的優勢，因此大力鼓吹政府將之買下。當政府兩手一攤說沒錢時，辛克萊爵士決定自掏腰包，買下莊園。然而，直到 1991 年布萊切利莊園再次面臨拆除困境之時，英國民眾才赫然發現，原來這棟幫助他們打贏了戰爭的建築，從來不是政府的財產。

　　為什麼「電話線」和「大學線」如此重要？讓辛克萊爵士不惜花費自己的金錢，也要買下布萊切利莊園？原因在於，在還沒有 5G 訊號的當時，最快的通訊方式莫過於藉由電話線傳遞的電報了。此外，傳統上，軍情六處在招募幹員時，選擇的通常是牛津與劍橋兩所大學的大學生——要進入這兩所大學，家世和能力都十分重要。在 1963 年爆出「劍橋五人案」（Cambridge Five）為俄共當間諜的事件之前，軍情六處一直認為這兩所大學裡的學生，都是對英國體制最忠貞的菁英階級，因此也傾向在這兩所大學中延攬人才。

　　在成為辛克萊爵士的私產之前，此地原為伊頓莊園

（Eaton Hall）的一部分。其後歷經多次轉手與改建，在1870 年時，由赫伯特・里昂爵士（Sir Herbert Samuel Leon）擴建成現今的樣貌。建築本身佔地 22 公頃，整個莊園則高達235 公頃。廣闊的土地，正適合多蓋些簡單的小屋式建築，讓每個單位獨立作業，減少機密外洩的機會。這些木頭小屋都以數字命名。小屋 3 號專用於破解德國陸軍與空軍的恩尼格瑪密碼機系統、小屋 4 號則專用於破解海軍的恩尼格瑪密碼機系統、小屋 10 號是氣象部門……它們各司其職地矗立在莊園的各處，看起來簡單而樸素，然而實際上完全不是那麼回事。

1939 年 8 月 15 日，「政府密碼學校」遷入了布萊切利莊園。它的最頂層由軍情六處占用，一樓則擠著密碼學校的海軍部、陸軍部和空軍部（商業部與外交部則借用了鄰近的寄宿學校校舍）。宅內另外設置了電信部、打字機房等設備，還有基礎的廚房與飯廳等。

在密碼部剛剛進駐的時候，布萊切利莊園內的水塔，曾被改建為名為「X 電台」的無線電房。然而因為外表露出了太多長型天線，看起來一點都不像水塔，因此早早被遷出布

萊切利莊園，免得暴露此地的秘密。儘管如此，在很長一段
時間內，「X 電台」仍成了布萊切利莊園的別稱。

●安靜的戰爭：布萊切利莊園裡的諜報戰

　　布萊切利莊園在戰爭時期最主要的工作，是根據全國各
地監聽站蒐集到的情報進行解密與分析。一開始，這些情報
是由情報員駕著車以快遞的方式傳送，然而，隨著器材逐漸
增加，監聽站可以直接「遠端連線」布萊切利莊園，將數據
傳輸過來。在此地被解密的情報，代號均為「ULTRA」。
這些情報除了讓同盟國成功地贏得多場戰役（包括大西洋戰
役中擊沉許多艘德國知名的 U 型潛艇）外，偶爾也會出差
錯——就像《借問阿嬤》裡，羅珊所回憶的讓他們以為成
功轟炸了的軍機，實際上卻是輸運婦孺的飛機。

　　這不是布萊切利莊園出過最令人扼腕的事故。事實上，
英國政府甚至犧牲過自己的平民，以求德軍沒發現自己的密
碼已經被破解：他們放任了德軍對英國進行一次夜襲，造成
許多非軍事人員的死亡。

　　這樣的犧牲，照英國情報局的說法，成功地將戰爭縮短了兩年到四年。但情報局是如何得出此一結論的？民眾又該如何驗證呢？那些被政府放棄的平民、被誤擊的敵方非軍事人員，又該去何處申冤呢？作為戰勝方重要基地的布萊切利莊園，該被視為正義的基地，又或不義的遺址呢？

　　無可置疑的是，布萊切利莊園帶來了許多德軍關鍵行動的情報，讓同盟國得以依據這些情報擬訂作戰計畫。美國參戰後，英國首相邱吉爾同意讓負責破譯日本情報的美國專家進入莊園，此地的情報交流活動也越發地熱烈。這段日子，也正是羅珊回憶中，當她年輕時，洋溢著輕歌漫舞與破解成功的喜悅之時光（然而，當喝完慶功香檳的隔天，她發現那架飛機上其實滿載著非戰鬥人員，也就是德籍的老弱婦孺之時？即便事隔數十年之久，羅珊依然為此流淚不止。）

　　那麼，在布萊切利莊園工作的，都是什麼樣的人呢？

　　數學家嗎？2014 年的《模仿遊戲》演出了數學家圖靈破解恩尼格瑪機的故事，讓這段曾經被埋藏經年的事蹟變得家喻戶曉、廣為人知。是的，數學家確實是布萊切利莊園中

的重要人物，沒有他們，就不可能破解許多密碼。除了圖靈外，時常被提及的還有戈登・偉其曼（Gordon Welchman）和比爾・杜特（Bill Tutte）等人。

然而除了這些教授級的數學家與解謎學家外，布萊切利莊園還招募了許多西洋棋冠軍、精通數國語言的人以及熱愛填字的填字遊戲專家。填字專家？是的，你沒看錯，就是填字遊戲。

一個為人所知的小故事是，軍情六處曾要求《每日電訊報》（The Daily Telegraph）舉辦填字遊戲比賽，邀請能成功完成任務的參與者「加入一項特別的工作，為戰事做出貢獻」。此外，據說軍情六處的面試中，也曾以《每日電訊報》的字謎作為測驗項目之一。為什麼需要這樣的人才？因為填字遊戲基本上是利用已知的線索，推測出未知字的過程。這正是反推密碼的核心概念之所在。《模仿遊戲》中，女主角瓊恩・克拉克（Joan Clarke）正是透過填字遊戲進入布萊切利莊園。

有趣的是，這些利用大量計算來破解密碼的計算人員，

有 75% 是女性。這與我們今日常見的「男生比較精於數理」
的刻板印象背道而馳。布萊切利莊園與稍晚成立的美國太空
總署女性計算員的比例，顯示了男性與女性在數理方面的能
力並無二致。那麼為什麼上面舉的數學家都是男性呢？那是
因為，成立於 12 世紀左右的牛津大學，要直到 1920 年才允
許女性的就讀資格，而 1927 年時，牛津大學還限制女性學
生的數目必須維持在男性的四分之一。這個政策直到 1957
年才告廢除。

在這樣備受壓抑的情況下，還能找到那麼多有意願與能
力破解密碼的女性？如果高等教育更早開始執行平等政策，
那麼世界大戰或許還可以結束的更早、人類說不定也能更早
飛向太空吧。幸好，如今的我們已經知道，不應以種族、階
級、性別和性傾向來論斷個人的特質。

● 不為人知的布萊切利莊園

雖然布萊切利莊園的工作對於結束戰爭而言是如此關
鍵，但在戰爭剛結束時，其實此事並不為人所知。工作人員
簽署了保密協定後，就一直嚴守著他們的工作秘密。有許多

人甚至連最親近的家人都不曾告知。

　　情報工作在戰後的 1946 年宣告結束。之後，郵局接管了此地，將之改為管理學校。1990 年，一項地產開發計畫，讓布萊切利莊園的保存問題隨著它的歷史一同浮現。然而很快地它就被一群仍然記得此地重要性的人士，以「布萊切利莊園信託基金」（Bletchley Park Trust）的方式二度逃脫了地產開發商的魔掌，得以保留。隨著時間的流逝，大眾對布萊切利莊園的一切也越發好奇。1999 年，一部名為《X 電台》的紀錄片，引發了英國大眾對此地的熱烈關注。此後，以布萊切利莊園為靈感的故事，便逐漸出現在各式創作中。前文曾提及的《模仿遊戲》，即是一例。

　　隨著對布萊切利莊園歷史的挖掘，我們也逐漸將目光由圖靈這樣的知名人士，轉向勤懇工作的芸芸眾生。2012 年，BBC 製作了以布萊切利女性解碼員為主角的《布萊切利四人組》（The Bletchley Circle）。這群解碼員以其豐富的工作經驗，找出了幾起謀殺案彼此之間的關聯。他們將成果告知警察，卻被輕蔑地忽略，於是決定採取行動，自行追緝凶手。另一方面，無論是以解碼員為主角的《布萊切利四人

組》，又或講述讓 NASA 得以登上太空的女性科學家故事的《關鍵少數》，都仍然得以「團體戰」而非「個人戰」的方式登上大小螢幕，從中也仍可發現，在兩性平等已允為共識的今日，女性獨挑大樑的影劇作品，仍非投資方偏好的項目。難怪影星瑪格・羅比（Margot Robbie）會因想演有趣的角色，進而意識到歷史中有太多重要的女性「故事都沒有被說出來。」而創立製作公司了。附帶一提，她計畫籌拍的其中一個項目，正是布萊切利莊園女性解碼員的故事。

　　「羅珊阿嬤」們到底還經歷過什麼呢？讓我們拭目以待！

參考資料：

布萊切利莊園官方網站：https://bletchleypark.org.uk/

〈揭開英國神秘間諜生活的「廬山真面目」〉，BBC NEWS，https://www.bbc.com/zhongwen/trad/uk-45982370，2020 年 4 月引用。

Lynn，〈顛覆世界的「電腦」是怎麼誕生的呢？〉，泛科學，https://pansci.asia/archives/119338，2020 年 4 月引用。

郝廣才，〈《模仿遊戲》演出時代悲劇〉，《今周刊》951 期，2015

繼承罪惡感

文／潘孟希

教學提示：

① 電影中的德國青年魯本在發現家族歷史在二戰時期對納粹的支持與瘋狂，因而在夥伴討論納粹議題時產生逃避的心態，我們可以如何理解這份逃避？

② 面對歷史過錯，罪惡感是個人或乃至於整個民族記得歷史最好的方式嗎？

電影《借問阿嬤》中，德國青年魯本與祖母古德倫一起觀賞祖母的家庭紀錄影片時，魯本意識到家中避而不談的二戰經驗，原來藏著一段難以面對的支持納粹的經歷。古德倫的祖父成立了支持納粹政權的另類宗教，加入德軍的父親則在戰爭中喪命。重新認識家族史後，祖孫之間產生難以言明的隔閡；而後，魯本也在與夥伴梅瑞迪斯和巴林特談及納粹歷史時，展現出不自在以及想逃避的窘迫。這份窘迫來自於新一代德國人覺察其國族身份和納粹過往的緊密連結，因此油然而生的罪惡感與沉重負擔。

●繼承的罪惡感：國族污名抑或歷史重擔？

二戰結束後，聯軍釋放歐洲各地集中營的受難者回歸自由之際，美軍以解放集中營時的照片製成海報，並在海報題上了斗大數字「你們的錯」張貼在德國各處（註1）。這份指控刺中了長期沉默的德國大眾，爾後「集體罪惡感」（註2）一概念進入德國的公眾討論，成為德意志民族重建德國的重要課題，也成為後代在回顧歷史時需要面對的挑戰。

集中營的存在對於德國大眾來說是個長期不願面對的真

相。 參考：〈集中營〉 恪守層級官僚制度的政府體系，導致每個人將自身的責任義務置於巨大組織計畫的一小角，輕易地從其不作為的責任上開脫。不論是作為殘酷屠殺計畫的參與者，甚至是近乎「屠夫」的醫學實驗執行者，為了實現戰時德意志國家民族社會主義的意識型態，結合民粹與種族主義的國家目標，個人忽視了個體意志，成就了龐大國家機器（註3）的運轉。漢娜・鄂蘭（Hannah Arendt）於著作《平凡的邪惡：艾希曼耶路撒冷大審紀實》提出了「邪惡的庸常性」的概念，個體在集體社會裡縮小，不僅造成在大大小小決策上免責的脫罪僥倖心理，更解釋了「不思考」的行為動機。納粹時期的每一個人，不論位階、角色，為日常蒙上眼罩，尊崇指令及權威。換言之，鄂蘭想強調的是，納粹之所以能

註 1：德文原文為 Eure Schuld，此處為筆者中文直譯

註 2：德文原文為 Kollektivschuld，此處為筆者中文直譯

註 3：國家機器的原文為 state apparatus，主要區分為意識形態國家機器和壓制型國家機器，馬克思學者阿圖塞（Louis Althusser）在他的著作《Ideology and Ideological State Apparatuses》中根據馬克思提出國家為壓制機器的概念，統治階級如何運用意識形態或暴力運作和鎮壓著社會。前者主要發生在私領域，以意識形態規訓使個人思想行為受箝制，例如教育；後者則通過暴力發揮功能，例如軍隊。

穩固統治權，並不是因為整體社會對民粹意識形態的著迷，或多數人真為邪惡的化身，而是人們為了避免政權指令和個人價值體系碰撞時產生落差，進而需要思辨的為難處境，寧可選擇放棄思考的能力，盲目跟隨上級指示。集體的瘋狂來自個體對於理性思考的漠視。

　　此外，鄂蘭想藉此提醒世界的是，極權統治並非僅存在於德國，更是每個國家都必須時時提醒自己的前車之鑑，此論點與戰勝國針對德意志民族性的眾多批評有所出入，因而引發激烈爭辯。在戰後的反思浪潮中，海德堡哲學學者卡爾·雅思培（Karl Theodor Jaspers）針對集體罪惡感的「集體」二字，提出了相異於主流思潮的意見。由於背負著戰敗國的罪名，德國人在戰後被究責時承擔了不應當的民族汙名。戰爭時期的各項罪刑被過於簡化地扣上民族罪責的大帽子，德國被國際控告為凶手，而個人於其中的存在卻被無視。若將個體僅視為集體的一部分，反而使個人減輕了對於自身的反省，這樣的思考邏輯正與納粹德國時，社會極其縮小個人以強調成就整體的運行方式如出一轍。這也是為什麼雅思培雖可理解來自各方對德國的排斥控訴，卻在公眾討論上針對集體罪惡感和個人罪惡感作出了區辨的論述。

無論這份罪惡感被視為一個民族的集體罪責，或是應回歸於個人層面的反思，顯然，新一代德國人儘管未親歷戰爭，卻依然傳承了歷史重擔。電影中魯本的情緒轉折便是一個顯著的例子。觀看家庭影片後，魯本的情緒產生了波折，拒絕和拍攝夥伴們討論家族和納粹回憶。我們可以思考的是，魯本感到不安的原因是什麼？像魯本一樣的德國年輕人們並不是納粹罪行的加害者，甚至根本沒有在納粹時期生活過。然而，為什麼發現家人和祖輩曾經和納粹歷史息息相關時，會產生無法面對甚至想逃避的情緒？為了回答以上的問題，我們將探討作為納粹時期軍政界領導人的後代們，面對歷史的回應與掙扎。

● 集體的罪惡，後人如何承擔？

在《納粹的孩子》一書中，作者譚雅・克拉斯尼安斯基（Tania Crasnianski）爬梳了納粹各高級領導人的人脈網絡，及其後代成長時面臨的掙扎經歷。面對著祖輩父母輩於納粹時期的激烈犯行，新生代的態度卻不盡相同。這些納粹的孩子大多出生於戰火飄搖的二戰時期，童年時光成長在納粹父親們保護傘之下，在某些家庭中，更由於父親位高權重，

孩子們與希特勒有著直接且親密的關係。歌德倫‧希姆萊（Gudrun Himmler）便是一例，作為親衛隊帝國統領海因里希‧希姆萊（Heinrich Himmler）之女，從小她對父親的敬愛與對德意志帝國的崇仰是交織而成的，每逢年節或重要節慶，希特勒伯伯都會送她巧克力或是洋娃娃，這份親暱更是讓這位納粹小公主心繫納粹帝國和領袖的未來。也許正因為歌德倫成長於納粹信條的帝國「童話」裡，在往後的人生，她秉持著愚忠般地信仰納粹思想，甚至傳言她積極支持著當前德國極右派的德國國家民主黨（NPD）。正如作者寫道，「或許她會想到，無論她怎麼做，一切都會將她拋回那個縈繞不去的過往？在這種情況下，否認那個過往完全無法消解她的宿命。或許跟她的父親一樣，她選擇放棄道德良知，不要直接面對那個重擔……歌德倫‧希姆萊的特點是她完全無法退一步思考她父親這個人物所代表的意義，並且持續在國社主義意識形態殘存勢力中扮演積極角色。對她而言，緬懷父親跟服膺及提倡納粹思想是同一回事。」歌德倫以與世界對抗之姿擁護著那段屬於她的納粹回憶。

　　當然，並非每個後代都與歌德倫一般以納粹意識形態為依歸，與之相反的是，多數的納粹後代在承受道德責難下，

選擇站出來大聲疾呼納粹意識形態在人類歷史上鑄成的錯誤，並投入許多精力還原歷史真相，或努力促進實行轉型正義。納粹黨首席建築師艾伯特·史派爾（Albert Speer）的女兒希爾德·史拉姆為一名社會學家，由於體認到納粹帝國時期，德國人強取豪奪數以萬計猶太人的財產、藝術品，她將繼承自父親的畫作們拍賣，將所得捐給「歸還基金會」，一個以獎勵文藝界及科學界猶太女性為宗旨的機構。在她眼裡，「我們不需要繼承罪惡感，但我們確實繼承到祖先的犯罪行為所造成的結果。因此所有人都應該以負責任的態度面對這件事，設法將不屬於自己的財產歸還給當初被掠奪的那些人。」

　　無論是拒絕承認父親與納粹泯滅人性的行動之間的連結，甚至是將父親的所作所為定義為民族榮耀，又或者一輩子為抗衡這個血脈和姓氏而投身挖掘歷史真相，納粹的孩子們即使換了姓氏，納粹的歷史始終沒有放過他們。許多人終其一生都在找尋與過去和解的方式，然而無論過了多少代，當其後代得知家族與納粹帝國曾經有的連結，那份焦慮不安便會湧現，如影隨形。在這樣焦慮的背後，除了被理解為對其祖輩的行為感到羞恥罪惡，是否可能還有更深層的原因？

● 繼承罪惡感之反思

　　魯本如同當今德國及世界各地每一個新世代一樣，出生及成長於一個納粹僅存在書本的世界，擁有自己的思辨能力，也建構了完整的價值觀。如此普通的青年得知家人曾經支持納粹政權，先不論家人們是否真參與了種族滅絕的計畫，或僅是盲目支持殘暴的政權，他已無可避免地和家人產生隔閡，並且感到不安。也許那份焦慮和逃避除了來自愧疚外，更來自於他深刻理解到個人道德良知的脆弱，若看似良善的家庭成員，都有可能在那個瘋狂盲目的時代裡，推崇種族屠殺的意識形態，作為平凡的後代，若被置入那個時代裡，可否有道德勇氣站在良知的一方？

　　換句話說，因為瞭解如你我一樣平凡良善的人都有著盲目追隨命令、放棄思考的可能，所以更應當戒慎小心。這份罪惡感其實為全人類社會共同繼承，人人都應活在當下，時刻以不安感作為提醒，銘記歷史的真相，不再重蹈前人平庸邪惡之轍。

126

參考資料：

Louis　Althusser, Ideology and Ideological State Apparatuses. In Lenin and Philosophy, London: New Left Books, 1971.

漢娜‧鄂蘭（Hannah Arendt），《平凡的邪惡：艾希曼耶路撒冷大審紀實》，玉山社，2013

譚雅‧克拉斯尼安斯基（Tania Crasnianski），《納粹的孩子》，商周出版，2016

緬懷威權

文／孫世鐸

教學提示：

① 在從威權統治走向民主化的國家中，曾歷經威權統治的人對威權感到懷念是常見的現象。是什麼原因造成的？這種對威權的懷念可能會對一個國家的民主體制，帶來什麼樣的挑戰？

② 民主體制和威權統治有何不同？哪一種制度比較理想？為什麼？

　　在《借問阿嬤》中，我們不難發現，三位阿嬤之間並不全然能直接互相溝通，而必須透過翻譯，但三位孫子之間則完全可以藉由英語直接溝通。這個世代落差宛如從二戰至今歐洲歷史的縮影：各類在種族與意識型態上的歧見導致人們走向戰爭，也讓戰後的人們為了和平的夢想，開始懷抱「讓歐洲走向統一」的熱望。然而，從三個孫子面對各種當代問題的討論中，我們也可以發現，「走向統一」何其困難。在今天的歐洲乃至於全世界，各種 20 世紀意識型態戰爭的殘跡仍然留存在人類社會，而從意識型態戰爭所衍生的威權統治體制，儘管看似遠去，卻持續地被許多當代人所懷念。這種「緬懷威權」的特殊現象，讓我們必須思考：直覺上，我們不是普遍都認為在自由民主體制下的生活，比在威權統治體制下來得好嗎？如果是的話，究竟威權統治體制的核心是什麼？為什麼它會令生活在民主時代的人感到懷念呢？

●共產主義國家的威權統治

　　二戰結束後到 1980 年代末期，許多國家分別被歸入以美國為首的「自由民主陣營」與以蘇聯為首的「共產主義陣營」。這兩大陣營在很長的一段時間內，並未真正發生軍事

衝突，卻不斷各自升級自己的軍備實力，並且在各自的陣營內向人民宣傳敵對陣營人民生活的悲慘。這段時期被稱為「冷戰」（cold war），說明了這種「看似戰爭，但又並未真正進入戰爭」的狀態。冷戰的國際政治架構也影響了兩大陣營國家的政府，以哪一種治理模式來處理國家與人民之間的關係。《借問阿嬤》中的莉薇雅阿嬤是匈牙利人，而匈牙利是屬於「共產主義陣營」，莉薇雅阿嬤也約略談到了她對於匈牙利共產黨統治的失望。 ▼ 參考：〈匈牙利共產黨〉 事實上，在冷戰時期，「共產主義陣營」的國家普遍採取由共產黨一黨專政、沒有民主選舉、高度壓抑人民各種自由的威權統治模式，各個國家的威權統治者也成為了該國人民重要的歷史記憶，像是匈牙利的拉柯西（Rákosi Mátyás）、南斯拉夫的狄托（Josip Broz Tito）、羅馬尼亞的西奧賽古（Nicole Ceaușescu）等。

為什麼「共產主義陣營」國家會普遍採取威權統治呢？這跟當時以蘇聯共產黨為首的各國共產黨，如何看待國家和人民的關係有關聯。共產黨反對財產私有制與市場經濟，認為生產工具應該完全公有，經濟活動也應該完全由國家控制，才能避免資本家為了追求利潤而無限制地剝削勞工。另

一方面，共產黨也認為代議式民主只能反映資本家與統治階級的利益，而無法透過選舉選出能夠代表無產階級的政治人物，馬克思就曾說過，代議制度只不過是資產階級的管理委員會。在這兩個因素的影響下，以列寧主義為依歸的共產國家，將各種社會運作完全由單一政黨掌控。（註1）這個政黨在某些時候，又被定義為廣大無產階級乃至所有人民的化身，「人民」、「政黨」和「國家」完全被混為一體，而不像在民主體制下，人民可以透過選舉選擇理念相近的政黨，來形塑理想的國家樣貌。在共產主義的威權體制運作中，在政治上，政治人物取得權力的途徑並非爭取選民認同，而是透過黨內的政治鬥爭，因此對社會的認知容易和民眾脫節；在經濟上，各種大型事業由國家（政黨）獨佔經營，也容易因為欠缺市場競爭而不易進步，再加上國際貿易遭到「自由民主陣營」的國家封鎖，也讓人民日常生活的消費選擇有限。（註2）

這樣的狀況在 1980 年代末期開始產生改變：1985 年，年僅 54 歲的戈巴契夫（Mikhail Sergeyevich Gorbachev）出任蘇聯共產黨中央委員會總書記。戈巴契夫上台後開始推動以「新思維」（new thinking）為名的一系列政治改革，其

中影響最為深遠的政策是停止對同屬共產主義陣營的中東歐
國家內政的武力干涉，也就是當這些國家出現反對共產黨的
群眾運動時不再協助出兵鎮壓。這個政策導致包括波蘭、匈
牙利、東德、保加利亞、捷克斯洛伐克、羅馬尼亞等中東歐
國家在 1989 年內發生如骨牌效應般的民主運動，推翻各國
的共產主義政黨。1990 年，和蘇聯同樣屬於多民族國家的
南斯拉夫，在其中一個聯邦斯洛維尼亞通過獨立公投後，開
始走向解體。1991 年，蘇聯也走向解體，整個共產主義陣
營瓦解，冷戰也正式宣告結束。

註 1：列寧根據當時俄羅斯的革命情勢後，認為達到馬克思所說的無產階
　　　級專政前，必須由「只有工人階級的政黨，即共產黨，才能團結、
　　　教育和組織成無產階級和全體勞動群眾的先鋒隊。」

註 2：馬克思正是想挑戰資本主義市場化做為人類發展的最終制度才提出
　　　共產主義的思想，事實上我們也可以思考，市場化下的資本主義市
　　　場帶來的究竟是繁榮的經濟，還是不公平的經濟剝削？尤其在 90 年
　　　代冷戰結束後，大抵上有一種聲音認為資本主義在與共產主義的意
　　　識形態鬥爭中大獲全勝，果真如此，為什麼第三世界國家仍然持續
　　　受到經濟剝削？為什麼經濟規模第一的美國，國內的貧富差距如此
　　　巨大？對於所謂的自由化、市場化可以提振經濟發展的論述，我們
　　　必須謹慎小心，而國營企業是否真的只有民營化一途，也是長期爭
　　　辯的話題。

　　進入 1990 年代後，這些前共產國家陸續走上「政治民主化、經濟市場化」的道路，人民也對生活改善有著高度的期待。然而，改革並不一定盡如人意，例如，推動大型國營企業私有化就可能面臨各種不同的問題：在捷克，政府讓銀行持續金援企業，企業卻無力償還貸款，導致銀行瀕臨破產，政府為了救援銀行出現財政危機，也造成經濟衰退；在羅馬尼亞和保加利亞，政府透過將企業轉讓給企業幹部完成私有化，造成這些潛在投資者刻意讓企業經營不善以壓低投資成本，也讓工業生產和稅收同步衰退，最後政府只好以印鈔因應，導致嚴重的通貨膨脹。由於經濟生活並未全面實質改善，前共產國家人民對民主體制是否能帶來理想的政治效能也有所懷疑。21 世紀以來，這些國家陸續加入歐盟，懷抱著「歐洲統一」的夢想，歐盟要求會員國在經濟上更加高度的走向私有化、自由貿易，在政府治理上則要縮減財政赤字，以維繫經濟安定。這樣的要求讓前共產國家必須透過削減社福支出達成目標，也造成底層人民生活品質下降。

　　經濟困境讓一些前共產國家人民開始懷念共產主義政黨統治的時代，比方說在冷戰時期經濟表現相較其他共產國家相對優秀的南斯拉夫，其獨裁者狄托就一直受到他所出身

的聯邦 —— 如今已成為獨立國家的克羅埃西亞人民的懷念。
2004 年時，民調仍然顯示克羅埃西亞人民認為狄托是「最
偉大的克羅埃西亞人」；在 2015 年季塔洛維奇（Kolinda
Grabar-Kitarović）擔任總理之前，國境內也仍然四處樹立著
狄托的銅像，季塔洛維奇上任後才進行大規模的移除。本
身就曾經擔任羅馬尼亞獨裁者西奧賽古「御用作家」的右翼
民粹政黨「大羅馬尼亞黨」領導人圖多爾（Corneliu Vadim
Tudor），更是主張西奧賽古「有過也有功」，強調他對羅
馬尼亞的偉大貢獻。顯然，對威權統治的懷念並不一定代表
人們對過去的生活方式感到滿意，而是因為原本懷抱期待的
政治與經濟改革不如人意。特別是在前共產國家，擁抱市場
經濟並沒有讓所有人都獲得比較好的生活，高度全球化更擴
大了貧富差距，這種相對剝奪感，讓許多人認為在共產時代
的生活反而較為公平。而在特定政治人物的影響下，這樣的
情緒會更加強烈。

● 人民為何緬懷威權統治者？

另一方面，即使在所謂的「自由民主陣營」，其實也
同樣曾有威權統治。包含中華民國、韓國、西班牙等國家，

在冷戰時期和共產國家一樣亦採取由執政黨一黨專政、沒有
民主選舉、高度壓抑人民各種自由的威權統治模式。這些國
家之所以被劃入以美國為首的「自由民主陣營」，其實並非
因為他們確實擁抱自由民主，而是因為他們的執政者都曾經
面臨或持續處於和屬於共產黨的敵對勢力進行內戰的狀態：
中華民國的執政者中國國民黨，因為和中國共產黨的內戰失
利，所以逃到臺灣；韓國則和屬於共產主義政權的朝鮮分據
朝鮮半島南北端；西班牙則是在二戰之前就已經爆發共產主
義者和法西斯主義者之間的內戰，屬於法西斯陣營的西班牙
長槍黨領袖佛朗哥（Francisco Franco）贏得內戰後，仍然持
續以軍事獨裁統治西班牙，直到他去世。歷經內戰洗禮讓這
些國家的執政者因為恐懼政權被共產黨奪取，而對人民進行
了長期的高壓統治。在臺灣，中國國民黨的白色恐怖統治讓
數萬人入獄或身亡；在韓國，各種民主運動遭到不同的威權
統治者鎮壓；在西班牙，佛朗哥的獨裁統治也造成反對者失
蹤或身亡，為數達十多萬人。▼ 參考：《雨季不再來》〈赦免〉

　　和共產國家截然不同之處在於，這些屬於「自由民主陣
營」的威權國家，都在冷戰時期取得飛躍性的經濟成就。一
方面，這些國家在冷戰中都屬於美國一方，因此獲得了美國

138

在經濟上各種實質或間接的支持，包含直接的物資援助、各
種科學與生產技術指導、協助產品進入美國消費市場等等；
另一方面，這些國家的執政者為了確保統治的正當性，除了
鎮壓親共的意識型態外，也必須加快改善一般人民的生活條
件，才可能減少社會動亂。在這內外雙重條件的影響下，臺
灣、韓國、西班牙都被認為是在冷戰時期創造了「經濟奇蹟」
的國家。在威權統治的壓制下，多數一般人民無法進行政治
活動，也無從了解執政者的實際作為，但獲得了冷戰結構下
的經濟紅利，再加上執政者為因應統治需要，長期以官方媒
體塑造出獨裁領袖「領導國家創造經濟奇蹟」的神話形象，
獨裁領袖死後威權餘黨的惡行甚至可以全遭赦免，緬懷威權
也就成為這些國家中常見的現象。

　　其中，臺灣的狀況又更加獨特而複雜。國民黨政府為了
強化統治的正當性，改善經濟之外，更持續透過教育、思想
和社會控制，為不分族群的臺灣人內建一套「我是中國人」
的國家認同，讓臺灣人成為中國道統的捍衛者。在這樣的
控制下，反對蔣家政權、反對國民黨的言論與思想，都成為
「反對中國道統」的言論與思想（是不是反而和前面提到，
共產主義陣營的「國家由政黨控制，政黨代表人民」很相似

139

呢？）。此外，國民黨政府也透過「反共青年救國團」，在
高中和大專院校的課外活動中強化愛黨愛國教育，而讓許多
人美好的青春記憶和愛黨愛國活動深刻連結，甚或藉此在升
學或就業上得到好處，成年後更加不會反對這套體制。而在
蔣介石擔任總統時主導這套社會控制系統的蔣經國，繼任總
統之後，很快就藉由媒體為自己營造出「愛民」的「好領袖」
形象，臺灣經濟也在他擔任總統的 1980 年代，因為高科技
代工產業的萌發而快速飛升。因此，儘管在他總統任內接連
發生林宅血案（1980）、陳文成案（1981）、江南案（1984）
等重大案件，直至今日的臺灣社會仍然普遍推崇蔣經國，政
治人物也時常強調自己與蔣經國的淵源，或是「以蔣經國為
師」。

回首 20 世紀，在冷戰結構下，「國家」往往成為威權
統治者的保護傘，犯下迫害人權罪行的藉口。然而，身處
21 世紀的我們，卻必須面臨可能更加嚴峻的挑戰：全球性
的經濟結構變遷與分配不均，造成許多受到損害的人產生
「還不如以前威權時代比較好」的情緒。這也是我們重新檢
討自由民主體制的契機：要如何做到讓盡可能每個人都覺得
「還是現在比較好」呢？

參考資料：

菲力浦‧泰爾（Philip Ther），《歐洲 1989》，麥田出版，2019

約瑟夫‧奈伊（Joseph S. Nye）、大衛‧威爾許（David A. Welch），《哈佛最熱門的國際關係課》，商周出版，2019

尼赫爾‧達桑迪（Niheer Dasandi）、馬修‧泰勒（Matthew Taylor），《洋蔥式閱讀！當代關鍵議題系列：票票等值合理嗎？民主選舉造就了社會對話還是內耗？參與公民社會必讀的民主基礎知識》，臉譜出版，2020

吳乃德，《臺灣最好的時刻，1977-1987：民族記憶美麗島》，春山出版，2020

世代對話

文／孫世鐸

教學提示：

① 你曾經和長輩爭吵過嗎？如果有的話，是為了什麼原因？你覺得要怎麼做才可能避免你們再次為了這個原因爭吵呢？

② 什麼是世代差異？是什麼造成差異？

　　有別於一般紀錄片中訪問者不會入鏡的慣例，《借問阿嬤》有著特殊的形式：攝影機時常被擺放在固定的位置，讓訪問者（孫子）和受訪者（阿嬤）一同出現在鏡頭中，甚至有的時候是原本作為訪問者的三個孫子，一起出現在沒有拍攝者（無人稱）的鏡頭裡漫談。這樣的特殊形式讓紀錄片裡訪問者和受訪者的界線逐漸模糊，似乎訪問者也可能是受訪者、受訪者也可能是訪問者，彰顯了這部影片核心的關懷：對話。影片中的對話可能介於不同的性別、國籍或階級，但其中最為鮮明的差異當然還是「世代」，我們也可以從電影的英文片名 The Granny Project（阿嬤計畫）清楚地辨識這一點。為什麼三位來自不同國家與文化的年輕孫子，會決定

採取這樣的拍攝形式？他們期待可以從跟阿嬤的對話中獲得什麼呢？

●什麼是世代差異？

工業革命以前，人類世界的社會變遷速度很緩慢，平均壽命也遠比現在短。因此，不同世代之間的價值觀差異也不像現在這麼顯著。然而，工業革命之後，科學技術爆炸性成長，讓財富快速增長，生活的物質條件大為改善，更發展出讓全世界越來越趨向於「同步化」的通訊傳播工具；醫療發達讓壽命延長、嬰幼兒死亡率大幅下降，進而讓人口總數也進入爆炸性的成長。在這樣的發展趨勢下，人類世界的資訊不但變得更加豐富而複雜，隨著物質社會變遷，又不斷有新觀念出現，傳播速度加快，常常在短短數十年間，社會上的主流價值觀就產生天翻地覆的改變。也因此，人類開始面對有史以來世代差異最為巨大的時代。

二戰後，以美國為首的「自由民主陣營」國家，開始發生各種以追求個人權利與平等為號召的政治與社會改革運動。過去屬於社會中的弱勢族群如勞工、女性、少數族裔（以

美國的非裔黑人最具代表性)、兒少等等，都開始發聲，或者由倡議團體為他們發聲。這是人類民主發展的一個重大變革：「舊」的民主是以資產階級、男性、多數族裔、成人這些強勢族群的意見為核心的民主，時常損害弱勢族群權益。強勢族群也習慣運用自己既有的權力，規範和命令弱勢族群的行動。舉例來說，在一個家庭中，丈夫有權差遣妻子，而孩子的行動往往受到父母的限制，沒有互相討論的空間。新的社會局勢讓原本的權力結構產生改變，屬於成人的弱勢族群開始有機會透過結成社群組織宣揚理念，壯大自己的力量；而還無法藉由勞動維生，換取行動自由的兒少族群，就成為最難突破這種「權力不對等」結構的群體。

這種結構不只存在於家庭，也存在學校裡，學校為了便於管理群體，對兒童與青少年的規範更加繁複而深刻，也因此引來學生的對抗，這個對抗更成為電影中常見的主題。舉例來說，1933 年的法國電影《操行零分》（Zero for Conduct）就敘述了一個在寄宿學校中，飽受主任欺凌的學生，如何在校慶時「起義」，從屋頂向大人猛丟鞋子抗議的故事。這個橋段到了 1969 的英國電影《假如…》（If...）變得更加猛烈，同樣在寄宿學校的校慶上，無法忍受遭到體罰

的學生，從屋頂用機關槍掃射大人。從《操行零分》到《假如…》，時間已過了三十六年，原本的晚輩已經變成長輩，這種世代之間的權力壓迫與反擊卻沒有減緩，反而變得更加嚴重，可見世代差異與衝突並不是特定世代錯誤的行為所導致，而是 20 世紀至今，在價值觀快速變遷的結構下，難以避免的現象。

　　過去一百多年來，儘管在各個國家有著不同的價值觀變遷進程，但世界大抵上就是沿著這種「叛逆的年輕人變成長輩以後，又繼續被新世代的年輕人不滿」的敘事前進。過去，同性戀的「行為」在許多國家都是違法的；而如今，許多國家通過了同志婚權。過去，體罰是普遍被接受的管教方式；如今，在很多國家體罰都被認為是「違反人權」的行為。過去，主要族群歧視少數族裔是常見的現象；如今，歧視的言論或行為在很多國家甚至可能會吃上官司。幾乎每個世代的人都必須面對這樣的處境：當他們成為父母，或者成為在社會中握有權力與資源的階級時，社會的價值觀已經開始往與他們年輕時大不相同的方向前進。這種處境也讓人們即使希望以「民主的方法」而非以威權模式教養小孩，卻也因為社會變遷過於劇烈，而讓他們欠缺能夠和下一個世代溝通的語

言與工具，進而造成家庭關係緊張，無論父母或孩子都感到挫敗。

　　另一方面，對個體權益前所未見的重視，雖然讓弱勢群體的處境得以改善，也彌補了不同族群或階級間的不平等，卻也讓個體的重要性膨脹到人類史上最大的程度。在「個體優先」的思想影響下，人類逐漸習慣以自我所能及的邊界為範圍思考與行動，容易忽略身處的其實是一個許許多多人類，乃至於各種生命「共在」的世界，任何一個人都不可能脫離所有的社會關係而在世界中孤立生存。「自我中心」的思考習慣會讓人無法同理其他人的處境，也就是無法嘗試站在和自己想法不同的人所處的立場去思考：「為什麼他的想法與我如此不同？」與他者的對話也就時常成為一種無效的溝通：「他為什麼不願意站在我的立場想呢？」在這樣的社會結構裡，每個人的處境都變得更加孤立，加上公共事務多半已透過民主機制授權給政府處理，人們能夠與人對話、理解他人的機會越來越少。

　　價值觀衝突、自我中心、欠缺對話，都讓不同世代如何繼續在世界中共存、共處，遭遇到極大的挑戰。舉例來說，

二戰後出生的所謂「嬰兒潮」世代，身處「自由民主陣營」
的人，在戰後高速發展的經濟環境中成長，多數有機會獲得
個人事業上的成功，加上自由民主陣營在冷戰中「擊敗」共
產主義陣營，更讓他們對於自由民主陣營中，蔚為主流的
發展主義思潮信奉不疑。政治學家法蘭西斯‧福山（Francis
Fukuyama）甚至曾在冷戰結束後提出「歷史終結論」，認
為人類世界將從此只可能以自由民主體制與資本主義經濟體
制運作，彷彿人類可以繼續毫無限制地發展，從此過著幸福
快樂的日子。然而，進入 21 世紀之後，從全球性的金融風
暴到不斷加劇的氣候變遷，都讓人們意識到二戰後的高速發
展，其實是對未來世代與自然環境的「預支」甚至「剝削」，
最後將承擔這些苦果的終究是年輕世代。由此，2010 年代，
全球各地都興起各種年輕世代對嬰兒潮世代掌權者價值觀的
挑戰與反對運動。

● 世代之間如何對話？

在這樣的時代背景下，透過《借問阿嬤》「訪問者與
受訪者共在」的特殊拍攝形式，可以協助我們意識到，要從
價值觀衝突、自我中心、欠缺對話的禁錮中走出，第一步可

以嘗試的其實是：傾聽。影片中的三個孫子，不僅和他們的
阿嬤感情甚篤，也不否認自己的人格養成深受阿嬤影響。因
此，傾聽阿嬤訴說她們對過往的記憶，不僅讓孫子有機會理
解到阿嬤「何以成為現在的模樣」，甚至也能引導他們反
思自己「何以成為現在的模樣」。更有甚者，在三個孫子對
敘事的梳理下，三位阿嬤所訴說的個人記憶不僅是一己的生
命史，而是能在影像中共在、交織成整個歐洲在二戰時期的
歷史，成為具有代表性意涵的集體記憶。保存集體記憶對我
們有什麼意義呢？它讓我們重新發現，我們活在世界上並不
是孤立的，我們人生中的際遇與選擇也不是純粹偶然而沒有
任何原因。所有人在這個世界上共同生活，都會不斷地對世
界產生影響，又不斷地再被世界影響。在變遷愈加快速和劇
烈的世界裡，我們必須投注更多心力傾聽不同世代的生命經
驗：他們在什麼樣的環境中成長，養成什麼價值觀，如何理
解世界，為什麼做出某種判斷與行動，才可能讓世代之間找
到共存、共處的方法。

　　當前的臺灣社會也面臨著類似的挑戰：我們歷經了長
達三十八年的戒嚴，卻又在解嚴後隨著民主化迎來極為快速
的價值觀變遷。生長於戒嚴時期的世代，時常認為生長於民

主時代的世代「過度自由」；後者則時常認為前者「擁護威權」。習慣於經濟高速成長的舊世代，時常認為在經濟成長趨緩的時代進入社會的新世代「不夠努力」；後者則時常認為前者「佔盡資源」。這樣的世代衝突，本來還只表現在個別家庭中，對各類私領域事務的爭執（讀什麼學校、找什麼工作、要不要結婚、結婚後是否跟爸媽住、要不要生小孩……），但到 2014 年的 318 學運後，逐漸開始浮上公領域檯面，更在 2018 年的同婚公投和 2020 年的總統大選中達到頂點。長年針對各項議題進行社會意向調查的中研院社會所，就在 2020 總統大選前的調查中發現，40 歲以上和以下的世代，對於兩岸政策、年金改革以及同婚的立場，有著截然相反的看法，也進而影響他們對總統大選的投票意向。許多家庭為此產生激烈衝突，無論父母或孩子都因為「無法溝通」，而感到深刻的挫敗。

由於兩個世代的認知如此不同，雙方都認為對方的政治選擇會讓臺灣「走向亡國」，急切於說服對方的心情也就不難理解。然而，如果不同世代的生命經驗有如此巨大的差異，以「說服」為目標的世代對話也終究會走向失敗。在戒嚴時期，公共領域的長期欠缺，更讓臺灣人缺少機會學習如

何對話。《借問阿嬤》給我們的啟發是,有效而有意義的對話並非一蹴可幾,它仰賴身處對話中的人們,彼此深厚的信賴,讓他們有足夠的勇氣去訴說,在孤身一人時,並不一定願意去正視的各種生命經驗,進而發現自己的生命經驗並非孤例,而是許多人共有的記憶。因此,我們不只必須傾聽不同的世代「為什麼這樣想」,更必須把個體的經驗重新拚回他所身處的社會脈絡中,世代對話才有真正開啟的可能。

參考資料:

席拉・邁可納米(Sheila McNamee)、肯尼斯・格根(Kenneth Gergen),《關係的責任》,心靈工坊出版,2019

魯道夫・德瑞克斯(Rudolf Dreikurs),《社會平等》,張老師文化出版,2019

電影裡的
人權
裡的 關鍵字

借問阿嬤
Granny Project

國家圖書館出版品預行編目 (CIP) 資料

電影裡的人權關鍵字：借問阿嬤 / 陳冠瑋等作；
陳俊宏總編輯 . -- 初版 . -- 臺北市：奇異果文創，
2020.07
　　面；　公分
ISBN 978-986-99158-0-9(平裝)

1. 人權 2. 影評 3. 文集

579.2707　　　　　　　　　　　109009015

策　　畫：國家人權博物館、富邦文教基金會
總 編 輯：陳俊宏
作　　者：陳冠瑋、孫世鐸、路那、潘孟希（按姓氏筆畫排列）
編輯委員：冷彬、何友倫、陳俊宏、陳佩甄、黃丞儀、黃惠貞、楊詠齡、
　　　　　劉麗媛（按姓氏筆畫排列）
主　　編：蔡雨辰
設　　計：夏皮南
印　　刷：晶華彩印
製　　作：沃時文化有限公司

出版：奇異果文創事業有限公司

地址：台北市大安區羅斯福路三段 193 號 7 樓｜電話：（02）23684068｜
傳真：（02）23685303｜網址：https://www.facebook.com/kiwifruitstudio｜
電子信箱：yun2305@ms61.hinet.net

經銷：紅螞蟻圖書有限公司

地址：台北市內湖區舊宗路二段 121 巷 19 號｜電話：（02）27953656｜
傳真：（02）27954100｜網址：http://www.e-redant.com

初版：2020 年 7 月
ISBN：978-986-99158-0-9
定價：新台幣 280 元